看見新希望

七年級戰將　洪孟楷的時事評論

洪孟楷——著

自序

看見新希望

七年級戰將 洪孟楷的時事評論

政治，是管理眾人之事；但更重要是，讓民眾放心、信任，代表去創造更好生活。能夠因為一個人的加入，而讓生活變得更好，這就是價值。

孟楷在今年五月正式獲得中國國民黨提名，為新北市第一選區（淡水、林口、泰山、八里、三芝、石門）的立法委員候選人。熱忱、專業，新希望，是對於大家的承諾，也是絕對不忘初衷的誓言。

過去馬政府八年執政，孟楷與國民黨並未有過多接觸，然在2016年國民黨在野後，當眾人選擇遠離，孟楷卻毅然決然擔任黨職，並且為黨辯護，捍衛，可以說國民黨越弱時，更加不離不棄，因為我相信，民主政治需要良好的監督制衡，才能夠給民眾更好的生活。

在政論節目，我只論理、不硬凹，因為相信「真理越辯越明」，但過去有不對的地方，我也絕不護短；在地方服務上，我更不分黨派、不分顏色，只要是對地方好的事物，孟楷勇於付出，樂於奉獻。這是我永遠的承諾！

想到立法院，第一印象是？如果還是謾罵、杯葛，甚至是拳腳相向，那麼最高民意殿堂的國會委員，又如何能夠自豪的說，代表著廣大的民意？孟楷堅信，政治應該為眾人服務，更自許要成為國會的新希望，看見下個世代的專業立委。

所以，儘管九合一選舉中看到了「討厭民進黨」的勝利，接下來的 2020 總統立委大選，更應該提出新的論述，讓民眾不只是對執政黨失望而投藍，這才能回應民眾對於政黨的期待。

今年孟楷36歲，正值青壯年；過去十年有完整的中央、地方政府歷練，曾擔任台北縣政府蔡家福副縣長秘書，嘉義市政府文化局局長，行政院江宜樺院長辦公室專門委員，有著完整中央及地方的結合，因此更有信心，能夠為公眾爭取權利，讓中央地方一條心、服務建設最用心。

而看到過去三年多，中央執政的弊病不斷，現在的執政黨無心想人民，只在意如何打擊政敵，對付國民黨；勞基法亂修、年金改革違反信賴原則、前瞻計畫是撒錢自肥、兩岸關係冷凍，我們熱愛的台灣，我們的國家中華民國，還有多少個四年可以揮霍浪費呢？

孟楷和太太與所有年輕人一樣，是雙薪家庭，今年一月中我的女兒出生，過去幾個月孟楷除了爭取初選過關，在家也是位新手爸爸，每天跑行程回家後看到女兒的笑容，就覺得一切的付出都是值得。所以我更要挺身而出，為我們的下一代打造安居樂業的環境，我要我女兒在充滿希望的未來中成長。我也向我心愛的太太跟女兒保證，我一定會做一位讓他們感到驕傲的民意代表。

本書匯集了過去兩年多孟楷對於時政的期許、揭弊，對於無能施政的抨擊，還有對於未來的期待；有熱忱、專業的一面，但難免也有不足之處，更期盼前輩們不吝指正，在政治服務這條路上，能夠永遠保持初衷，為民喉舌、不遺餘力；為民服務、永遠盡力。

最後，孟楷承諾，在2020的立委選戰，要用年輕的熱忱，打一場正向陽光選戰；要用過去十年累積的專業，監督揭弊、爭取認同！不做負面攻擊、跳脫政黨鬥爭。

感謝支持，這次，請讓專業的來服務，為您捍衛、發聲。七年級戰將、國會新希望，洪孟楷。

【目錄】

孟楷

一
人民頭家要謙卑

籤詩僅供參考、治國當有核心價值

「投資一定有風險，過往績效僅供參考。」這是大家耳熟能詳的投資廣告必定要加的警語。沒錯，畢竟是人不是神，未來的事誰也說不準，所以過往績效只能看看參考，而這兩天過新年全台瘋傳抽出的雞年國運詩籤為「下下籤」。與其開始怨天尤人，或是擔心害怕；其實更應該全民把關好好緊盯政府作為，畢竟，籤詩是上天對於世人的提醒，而非懲罰。

蔡英文政府從去年五二零上任以來八個多月時間，各部會輪流放火，國防部、外交部、經濟部、勞動部、衛福部，每每令國人搖頭嘆氣，更有親綠機構所做民調稱其為「雪崩式」下跌。其實，就民主政治而言，還是樂見政府施政有序、國家富強，因為這是全民的福祉，看蔡英文政府如此荒腔走板，實在令人憂心！

籤詩當然是上天指引，但解讀仍有不同。如同看見半杯水，有人會抱怨的說只剩半杯水、有人卻會興奮的言還有半杯水！是以抽到上上籤並不需要眉開眼笑，需當心樂極生悲！而抽到下下籤也不該落井下石，畢竟謀事在人、而成是在天，往正確的方向做，就能夠谷底翻身、魚躍龍門！

追根究底，在過年期間要奉勸在位者，施政應當少一些意識形態主導，而多一些對症下藥之良方，畢竟民眾選擇了三次政黨輪替，為的就是要更加美好的將來，一代接一代永續發展

的契機。而因為政府輪替就把前朝累積成果全數推翻，把馬政府八年經營的全民資產給盡數賠光，人民選擇蔡英文政府是要來帶領台灣社會走向更好，而非讓您上任後揮霍資產、大搞意識形態鬥爭！

另一方面，蔡政府也該展現出具體的台灣社會核心價值，並且加以發揚光大！如同過年這幾天電影台不斷重播的強檔港片「寒戰」中一段台詞，「法治設計及法治精神是香港可以成為國際金融中心的核心價值！」由劉德華唸出此

台詞時多麼擲地有聲，當港人有自豪可以透過電影宣傳此概念，並且普遍獲得觀影者的認同。

反觀，捫心自問，台灣的核心價值為何？什麼是我們能大聲自信地說出並且持續的保有？亞洲最民主國家可能是其一、最美的風景是人可能是其二、高教育所得的人民素質可能是其三。而無論何者，都需要上位者執政時掌握其核心價值繼續發揚。如果為了消滅政敵而違憲亂紀的以不當黨產委員會鬥爭，只會毀壞最民主國家之名；如果因為意識形態作祟而把陸客拒絕於外，則最美的風景永遠無法被人欣賞；如果無法把經濟環境的餅做大，則我國受高等教育的大專院校學歷畢業生，將只能前仆後繼地產出外國、而非貢獻家鄉。

金雞報喜、四方昇平，雞年是個契機，也是個轉機，上天已經用籤詩告知當家不可侷限拘泥於意識鬥爭，而能不能聽得進上天告誡，也就端看此在位者有沒有以天下蒼生為己念之心了。最後過新年仍誠心祝福中華民國、國運昌隆、千秋萬世！

只說春天一定會來！但政府要告訴業者如何度過寒冬?!

蔡總統7日出席文化部春酒，再次使用一貫的「蔡式文青」語言說「春天一定會來」！實在話講，潮起潮落、景氣循環這三歲小孩可能都知道的道理實在不需蔡總統多說，但相信在場業者代表們其實更關心「政府能如何協助度過寒冬」？

近幾年來無論無線台、有線台已少有大型投資戲劇的計畫，而無論是綜藝節目、新聞節目皆充斥著談話性為主節目，說穿了，因為成本相較來說低廉太多了，只需三五位藝人、名嘴，就可以上山下海無所不談。大型的投資少了，自然也讓產業鏈無法串聯，也迫使優秀電視從業人員必須遠離台灣，前往其他資金雄厚之處謀發展。

另外，之前提過的八點黨黃金時段能否限制電視台禁播外劇，卻仍未聞文化部有進一步的作為；而面對網路平台的興起，政府如果永遠只是想著駝鳥心態似的禁止落地，卻無視網路時代無遠弗界的特性，其實想看劇的愛好者老早已經於網上漫遊，無論美、英、日、韓、大陸據，一指點開全部到手，好看的戲劇永遠不缺觀眾，但不明確的政策方向卻只會限縮本土業者的生存空間。

影劇產業有其一定指標，且這關乎的是內容製播及文化置入，為何「吃炸雞要配啤酒？」為何「受委屈後需要加倍奉還？」這不就是兩部成功的韓、日劇所來潛移默化的作用嗎？今天政府如果沒能提出具體方法，就只是平白的把話語權讓給別人；國家高度能做大格局的事，一部「大長今」帶動整個旅遊、觀光、文化的整體輸出，反觀台灣能拍什麼劇呢？一昧著接受外來文化的結果，最後不只是喪失市場，也會讓台灣失去主流價值觀判斷。

最後，春天當然一定會來，但當來臨時候能否百花齊放，又或只是現出融雪後的荒地，就當看政府部門有無在寒冬時保筋固本，並且有方法地協助影視產業製作好的成品。至於有空說些文青式的話語，不如實際花兩百塊進電影院看場國片、或追齣本土偶像劇，也許更為實在。

蔡英文用錢沾綁架了台灣人民

今（15）日立法院一口氣加開三次臨時會，而其中重要議案為「年改」與「前瞻計畫」，前者對於破產在即的軍保、層面最廣的勞保隻字未提，坐實外界質疑民進黨政府至拿公教人員開刀之實；而後者更是在過去八年民進黨在野時從未聽聞的規劃，如今卻搖身一變成蔡英文主席號召執政黨立委下達軍令狀必過不可的首要任務。我們跟下任、下下任總統及世世代代，都將被錢沾綁架，然而要全民付的贖金，何時才能還清？

首先，根據台大政治系教授林子倫指出，合理的公共政策制訂過程有八步驟，其中定義問題、蒐集證據、提出合理選項，並配合選定標準，並預測可能結果以及權衡不同方案間得失。最後，才是由執政者做出決定、執行政策。換言之，任何公共政策缺少上述步驟，不一定代表失敗，但絕對不是個合理的制定過程。

拿前瞻基礎建設計畫來談，橫空出世的八年八千八百億預算規模，連同地方配合款更是高達一兆五千億。而前瞻計畫包山包海到底為了解決什麼問題？並沒有看到明確定義；而行政部門是否提出不同方案於內部討論或送請立院核定，也未能看見。僅一本匯集各地方政府

提案雜燴，即想動用逾兆預算，這種兒戲且荒謬的態度，在任何民主化國家都屬少見。

更別提從前朝官員到民間，多少專家學者跳出反對雨露均霑似的撒錢，只是滿足地方首長開工剪綵的虛榮、後續更勢必成為追加預算的錢坑。蔡英文綁架全民，逾兆預算這任做不完、兩任做不到，甚至未來總統及地方父母官都將世世代代被錢沾軌道載著跑，但奔向的卻不是未來；這樣的全民皆喊不可的軌道錢沾，只有蔡總統要、民進黨要，而兩條軌道上的蔡政府與台灣多數民意竟然已成平行線，在台灣已經無法交集。

國會過半的執政黨立委，這一週來都被蔡英文主席召見叮嚀，說是行前閱兵也好、說是加強威嚇也罷，總之蔡主席的意志要在臨時會貫徹。但我們不禁反問民進黨立委諸公，立委職責是監督行政部門、是主張選區民意。您們並不是行政院下的立法局，請不要自我閹割成一塊塊無意志的橡皮圖章。

前車之鑑不遠，去年強硬通過的「一例一休」仍天怒人怨，更傳出有民進黨員集體退黨以示抗議。姑且不論這是否是另一齣黨內爭權奪利的醜惡戲碼，但反應的就是不願廣聽民意、只為政治算計的立法結果，只會讓浪費預算、人民憤怒、政府失信的三輸局面一再重演。

「壞人囂張、來自好人的沈默」民進黨現在能如此囂張，擺出強渡關山予取予求的態度，失衡的國會監督是最重要的關鍵，而身處其中，我們正在看一場鬧劇，將來，在空蕩的車廂和養蚊的車站中，如何對後代子孫解釋增加的債務？綠委們在堅定護航之餘，請好好想想。

「四不像」的前瞻、正逐步拖垮台灣

周星馳電影「食神」開頭有段經典廚藝比賽，四位參賽者端出精心料理讓食神史蒂芬周評判，其中第二位廚師耍小聰明把各種魚的美味部位給取下後縫合成一尾魚，又半煎半炸讓整條魚共有十種吃法。正沾沾自喜獲得食神寶座時，怎料還未獲得品嚐，被嫌整條魚如同「核災過」般怪異，看就沒胃口、何況是吃?這種什麼都拿一點、拼裝胡湊的作法，恰如現正惹出非議的前瞻計畫無異，當連立院預算中心揪出四大弊端、更甚有拿90年代就計劃濫竽充數時，未來的失敗早就可以預見。

首先，行政院推動之初，即說不清本計畫到底是要弭平城鄉差距？又或增加展業發展競爭力？還是防洪治水？嚴格說來，每個理由都屬正當、每個問題真要討論也都嚴重。但絕對不可能一帖良藥治百病！

直到目前為止，蔡英文政府還是沒有回答民眾最為關心的問題，就是現在台灣最迫切需要解決問題為何？是「少子化國安危機」、「外資撤守不願進入」還是「水患成災危害居住安全」？連最基本的核心問題都無法用一句話說明清楚。如同看病時醫師不確定咳嗽成因到底是風寒、肺病還是支氣管炎？卻急著開藥方給病人吞下，這藥能吞嗎？

再者，為求八千多億大餅，洋洋灑灑提出上百計畫，東做一些、西湊一點。已被列暫無需求計畫列入前瞻、供過於求的停車場計畫列入前瞻、延續舊業務的消防、教育等計畫也列入前瞻；一時間，彷彿台灣從海底挖掘出石油，所以什麼莫名計畫也可納入前瞻搶食預算大餅。當信誓旦旦說審慎評估後拿出這樣的成效，不是看低民眾智商、就是政府官員看低自己智商。

而林全即便自行在行政院會報告，還是無法說清當四年過去，前瞻計畫能給台灣帶來什麼優勢？總不能預算通過僅建立在國會多數的暴力，而忽略向人民頭家說明展現願景的決心。

一個四不像的計畫，浪費的不只是預算、還有整體競爭優勢的時間。陳水扁時期最令人詬病的除了貪污、就是鎖國政策讓台灣發展牛步。而想推出一個計畫又能解決城鄉差距、又可促進投資、還能治水防洪，這僅不跟電影「零零漆大戰金鎗客」的武器「要你命3000」一樣，每樣武器都能獨當一面、合在一起過是威力無比？這種笑話以為只在周星馳喜劇中看見，沒想到現實生活蔡英文政府卻在上演，也無怪乎全民皆反、害怕拖垮台灣了。

說個笑話：民進黨執政後，保證不缺電。

上週因為颱風來襲而造成和平電廠其中電塔倒塌而蔓延了將近十日的「限電」風波雖暫告段落，但也凸顯出台灣在能源運用上的脆弱程度，一根電塔即造成全國公家機關限制冷氣、全民怨聲載道。而網路上瘋傳 2015 年時任民進黨總統候選人蔡英文於造勢場合臉不紅氣不喘地說「民進黨執政後，保證不缺電」的話語，格外諷刺。本著研究精神，推敲有此言語產生的幾種可能性：

「台電真的藏電、民進黨找不到」。過往在野民進黨很愛污名化台電是個大怪獸，為了利益而欺騙民眾、藏電來恐嚇社會，如今一年兩個多月的執政，國會、行政一把抓的民進黨也對台電沒轍，明知台電藏電卻找不到，這不就更凸顯民進黨無能了嗎？

「台電藏電、民進黨故意不拿出來」。行政一體，假設台電據實以告電力狀況，但民進黨政府跟公教人員本來就不對盤，故意用此機會修理公教人員，有電不能出來用，就是要以關冷氣來讓公教人員知道「誰是老大」。無奈事與願違，沒想到連自家縣市長也不挺，只好草草收場、結束荒謬的政策。

「台電沒藏電、真的無電可用」。這樣的情況下，就更令人好奇那麼在野時期喊得震天響、擲地都會有聲的蔡英文怎麼能以總統候選人之姿「保證」不缺電？難道為了選票，什麼樣的鬼話都可以先講再說？本著研究精神、在此大前提下、又可再分析蔡英文講此保證不缺電的小前提原因如下：

「蔡英文知情、保證只是選舉語言」。如同川普競選時、一下說歐巴馬不是美國人、一下又講美墨邊境要蓋圍牆，結果一上台就改口轉彎、證實是為了選舉的吸睛語言；而蔡英文明明知道不可能不缺電，但選舉場合難免誇大、尤其台下滿滿支持者的激情，講點選舉語言騙騙選票，好像也是很合理的事情。

「蔡英文不知情、被幕僚騙了」。也有可能，時任的蔡總統候選人根本不懂能源政策，畢竟術業有專攻，是以幕僚怎麼寫、她就怎麼講；幕僚也清楚蔡英文有讀稿蔡之稱，什麼內容在稿子上都會照念不誤，是以透過公開講話，偷渡幕僚的政治目的，換言之，在此假設下，蔡英文是

被幕僚欺騙的受害者之一。

其實無論什麼假設，真相只有一個，就是民進黨現在一方面要非核家園、一方面又要減少碳排放、一方面又說十年不漲電價，這根本就是相互矛盾的三角謎，除非台灣突然挖到石油，否則唯一能夠保證的就是上述所說「保證無法達成」！而因為一次颱風就讓電力吃緊、讓蔡英文的保證破功，當初聽信保證而投票給蔡總統的選民，可以淚訴詐欺嗎？缺電缺水的台灣、前瞻又真的能夠前瞻嗎？

政府對世大運選手的鼓勵，可否能從錦上添花變成細水長流？

截至二十九日晚上，本屆台北世大運中華代表隊成績26金33銀30銅，表現超乎賽前預期，這等榮耀，歸功於優秀的中華健兒們、以及所有到場加油的最佳第十人（棒球場上術語，意指球迷）。但卻傳出在8月31日總統府下令辦場中華隊遊行活動，這種政客的錦上添花行為，為何總是發生在選手得獎後呢？

首先，過去的數個月，蔡英文總統臉書上提到關於世大運的貼文，僅有區區一則，且還是轉貼其他機關的廣告影片；但卻在世大運比賽期間，每天如同運動轉播員般的瘋狂發文，這種雪中時無人送炭、吃米粉時卻爭著喊燒的情況，如果只是一般政治人物也罷，但身為一國元首，難道沒有更重要的事情可以做？辦遊行當然可以吸引全國人民參與，由衷希望能有場難忘的盛會讓全民再一次感動！但更重要的，能不能慶祝是一流、後續培養人才也是一流？

再者，本屆世大運是何時知道在台北舉辦？2011年！而蔡英文上任也已經是2016年的事。換句話說，這次世大運好手如雲在我們的主場舉辦，本來就可提早規劃或安排選手與主場觀眾多點互動，不是嗎？而非現在快落幕時，才心血來潮地挪用預算、巧立名目的辦理遊行，這種沒有規劃好路線、時間、地點的遊行，不正是半調子的便宜行事，說穿了，也只是想要借用金牌選手們的高人氣，來拉抬政客們的聲勢罷了！

況且，本屆金牌得到多，所以辦此次遊行，或是臉書上更加關心，這根本就是「朱門酒肉臭、路有凍死骨」的翻版，拿到金牌所以接受掌聲、那沒拿到金牌的中華隊員們的辛苦練習就活該被抹煞嗎？金牌選手後續的練習能不能媒合企業贊助、有沒有計畫性地前進奧運？如果政府不去打基層基礎，只想要沾光、收割政績，那正是我國體育無法向前跨出一步的障礙！

兩年後再一次的拿坡里世大運，成績能否突破或維持，這才關乎著這次運動比賽的舉辦成功與否。而如果只看到成功的光鮮亮麗、而忽略背後流汗流淚的苦練，這樣的加油未免太過廉價，也無怪乎上禮拜有位代表隊選手在網路上心酸寫下「一定是我沒有很厲害、才沒人訪問我」的留言，當我們在831當天都帶著國旗為金牌加油喝采時，政府能不能為國家的體育扎根打地基？我想全民都在看、也都持續的關心著！

朝野會談？蔡總統又一次完美打臉蔡主席！

可能是參與人數史上最稀疏的國慶典禮才落幕，伴隨著蔡英文總統的飄逸秀髮所唸出文青言詞，除了是再次老調重彈拼經濟外，重點當屬拋出朝野會談之球。可惜的是蔡英文總統不知貴人多忘事還是昨是今非慣了，明明過去在野期間拒絕執政者邀約會談無數次，現在換個位子就要在野配合。再怎麼公主病、也不應該真的把自己當公主！蔡總統、您又一次完美的打臉過去的蔡主席了！

首先，經過一年四個多月執政，蔡總統提出希望針對「憲法改革」來做朝野會談，雖然有個主題，但改什麼？怎麼改？如何改？都隻字未提。是綠營立委連署已於國會連署的總統制及十八歲公民權為方向？還是一切都未定案？如是前者，則既然已在國會代議士提案內容，只要符合憲改提案人數，即可於立法會其依程序提出，根本不需在野領袖共同坐下商討，憲改提案程序白紙黑字清楚明瞭，並不會因為有無吃飯喝酒開會討論而簡化或刁難，召開會談根本多此一舉。

而如果一切仍未定案，那更代表著現在我國憲法並無任何不妥不當之處，至少欲修改者也無法清楚說明，這樣就急著要把朝野不同政黨領袖邀請匯聚，試問此舉豈不更坐實了會談僅是樣板式的溝通、並無實質內容嗎？到頭來，除了何不各言爾志乎、及媒體版面的曝光，對國家方針有能有何貢獻呢。

再說過往蔡主席拒絕會談紀錄，當真罄竹難書！且話術千奇百怪，比起能從外太空講到行天宮的政治名嘴不遑多讓！從 2008 年拿翹「要總統府先做功課」、發放消費卷前說「為見面而見面、不如不見」、討論 ECPA 前講「難以符合人民期待、要求道歉」到「不要政治口水」、「兩個人面對面對話沒有意義」、「若有空雙英會那不如先見王丹」，總總過往蔡主席回絕的藉口、理由，如今全像過往雲煙，現在再丟出朝野會談議題，這是小看了人民的智商、還是太放大了自己的權威？

另一方面，政黨組成是有其政治理想及價值，是以不同屬性政黨硬要坐下、有何可談？民眾當初讓民進黨完全執政，就請挺起胸膛來完全負責，在野黨在執政者犯錯時強烈監督！如此將比會談更加有其意義。

最後，監督並非違法亂紀、動手暴力，過

往扯麥克風、鎖大鎖是民進黨在野時所做手段，實在最令民主退步。過往馬英九總統邀請在野蔡主席，因為時任在野的民進黨惡意杯葛議事、拋棄法治作為，在無計可施下而後欲談，這已非屬最上策。而退一萬步言，即便現今吳敦義主席不似過往蔡主席般左右閃爍、強調若適當不會拒絕的坦蕩態度，但言行矛盾的蔡總統難道不該先為過去八年在野時百般拒絕會談而道歉嗎？如此自然的換位子換腦袋，也無怪乎到了女侍陪伴酒吧，也能大言不慚高談闊論「宇宙大爆炸」了！

蔡英文低民調將讓兩個太陽越燒越旺

本週一是蔡英文總統執政一年半，而各家媒體也宣布相關民調，其中有一民調獲得媒體大幅報導『蔡英文聲望下滑 再度出現「死亡交叉」』，更引發網路討論紛紛探詢「出什麼問題」？顯然，為何當初高得票的總統，一年半後變成票房毒藥？撇開政黨立場，試以民調數字分析判斷，幾個時間點上蔡英文總統原本想的如意算盤，如今將因為民調數字的不如預期，而徹底破功。

首先，各家民調數字即便再三強調公正中立，但可能因為所做機構屬性及問題方向而有差距，是以這也是為何各政黨做初選時一定會找不只一家民調公司，甚至可接受候選人推薦民調公司，就是避免拿不同公司所做民調比較以免有失公平，換言之，如是同一家公司所做不同時期民調，則無論親藍或親綠機構，也有非常高程度的參考價值。

本次做出再度死亡交叉的民調公司為台灣民意基金會，長期就是挺綠學者主持，且之前好幾次公布民調時還配合綠營立委開記者會，其議題引導性不言可喻。但綜觀其在蔡英文總統上任後所做民調，竟然短短18個月執政中，有10個月不滿意度高於滿意度，細究曲線變化，更會令人看出民眾關心與己切身相關的民生議題，所以無論執政黨如何挪用預算綁樁收買酬

夜問打權
國民黨發言人
洪孟楷(國民黨)
真道理性
真愛台灣
蔡.賴為總統初選撕破臉? 明槍暗箭齊發? 隔空互槓?

庸，也不能保證政權永固，與民眾站在一起，才是王道。

譬如說不滿意度最高的幾個月份，正好落在今年一月、六月與八月，而對應當時民生最大議題，則分別為「日本核食進口」、「公教年金改革」和「815全台大停電」，影響層面之大；即便日本核食進口政策最終急刹車，但深植民心的「交換說」卻也揮之不去；而縱使全台大多數人並非公教人員，年金改革理應不會影響，但是看到蔡政府違反信賴保護原則，且粗糙地一刀砍手法，任誰都會擔心是下一個受害者。

815全台大跳電，而後的公家機關十二點到三點不開冷氣政策，更是一棒驚醒全台民眾，原來過去民進黨在野時期所說「台灣不缺電」是不打草稿的謊言，而「非核家園」對現在的台灣來說夠是空中樓閣。為了兌現蔡英文的競選支票，全台民眾將付出多少代價，這些絕對不是一邊吹著冷氣、一邊高喊是人反核可以做到的！

再細看近三個月來民調，除了九月、十月滿意度高於不滿意度外，其餘都是相反；而這很明顯地是因為新舊閣揆交接產生蜜月效應，當然賴清德內閣的上任，確實讓民眾有耳目一新之感，不過民眾更關心的究竟會是「兩個太陽競爭、還是日月相輝的合作」？從過去兩個月的表現看來，明顯處於後者，也因此反映在十一月的民調再次出現死亡交叉，就不令人特別意外了。

從賴清德閣揆上任後又是在國會殿堂大談「務實台獨主義者」，看出對於凍結的兩岸關係，賴清德顯然並沒有想要幫蔡英文解套意思。這更看得出蔡賴兩人無法緊密合作，造成賴清德的好表現無法回饋到蔡英文的民調之上，相反的，反而凸顯了蔡英文的神隱及毫無作為。

自從賴清德上任後的這兩個多月來，蔡英文總統幾乎被邊緣化，除了去了一趟奢華之旅的南太平洋外交，搭乘那台昂貴的私人飛機及豪華機餐，我懷疑現在還有多少國人知道蔡總統去了哪幾國？又做了什麼？而現在一例一休再修法沸沸揚揚，無論最終是否通過政院版本，但賴清德將獲得資方肯定其努力鬆綁，而蔡英文將因「神隱」而永遠被勞工貼上背叛的標籤。

當初蔡總統拉升賴清德擔任閣揆，原想借用其高人氣來形成生命共同體互相拉抬，如今卻是自己一手形塑的巨大敵人，看來 2020 年蔡總統連任黨內初選最大敵人不是別人，將會是現在在閣揆位的賴院長。

當然，做此民調的機構，幾次目的都是政治鬥爭，包括先前讓林全下台、為賴造神，而目前再做此民調，也代表在其心目中，蔡英文將可能成為唯一一位無法連任提名的總統。而如果放任一直下去，恐怕民進黨基本教義派也將拋棄蔡總統。到時，蔡英文也已經算是提前跛腳，這樣刀刀見骨的爭鬥，還有人懷疑這不是兩個太陽相爭？

是以，一年半的民調，蔡英文在滿意與不滿意度之間的死亡交叉將只是開始，而後期走向會越趨擴大，而當面臨明年縣市長選舉及 2020 大選越近，對社會也將更加紛擾動盪。只可惜，一個被政治意識綁架而把兩岸關係處理至冰點之人，也許永遠無法理解，當初熱情捐獻的小豬撲滿、當初聚集 689 萬人的高得票，如今為何一一逐漸離她而去。

為何民進黨政府說的每句話，人民聽起來都像「幹話」？

最近有媒體舉辦「幹話王比賽」，而第一名由講出「勞工永遠是民進黨心裡最柔軟的那一塊」的蔡英文總統遙遙領先，其餘還有包括台中市長林佳龍的「台中市是空污防制最成功的地方政府」、行政院發言人徐國勇說「有7休1怎麼積假去玩？」、「相信台灣好老闆佔多數」；政委林萬億對7休1修正案所說的「迎頭趕上世界潮流」；經濟部對於空氣品質的「中火對空污的影響微乎其微」則為第9名。綜觀前十名內民進黨政府佔六，其他像是賴清德院長的「功德說」、林美珠部長的「一例一休修法越修越漂亮」，甚至是民進黨金主在立院講的「台灣哪有過勞死」。總總言語、如針一般直打民心。不禁反問，為什麼現在民進黨政府所說每句話，聽在人民的耳裡，都像是十足十的「幹話」？

首先，要先定義什麼叫做「幹話」，幹話並非髒話，比較類似廢話或是垃圾話，而幹話通常有一個特色，那就是「感覺好像很有道理，但仔細想想根本就是模稜兩可的廢話！」所以不僅沒有安撫效果，反而還會讓人更火大！譬如某些慣老闆會對員工說「沒事早點回家，不要加班！」這就是標準幹話，「沒事」誰不知道要早點回家，但問題就是「有事」！而對比提油救火的民進黨部分官員所講的話，確實把幹話精髓發揮淋漓盡致！

但，2014 年民進黨縣市長大勝、2016 年更是總統獲得 689 萬票、國會掌握三分之二席次，如果以民主機制來看，民進黨應該是台灣多數民意選擇，為何現在講出的每句話，都令人聽了刺耳？客觀來看，現在的民進黨讓人民失望，追根究底原因還是出在言行不一，讓當初投票的支持者，有著被背叛的感覺。而這就是幹話的成因。

看看一例一休的修正案，去年和今年的修法軌跡如出一徹，就是定了目標，橫著蠻幹。最終結局早已決定，其中程序、公聽會、公告皆只是過場形式。其實這也不是不行，因為政黨政治本來就是責任政治，民進黨要向資方低頭靠攏大可直說，慘就慘在既要討好資方、又要在勞方前爭功，三不五時再拿前朝出來批判，這種「要吃又要拿」的嘴臉，一而再再而三總有被看穿一天，再多說什麼，也都聽起來像「幹話」了。

所以，當本週有民眾自發性拿「功德院」貼紙掩蓋行政院的標示、站牌等，擴大嘲諷賴院長的功德說，其實一點也不令人意外。持平來講，賴院長的全篇言論並無任何貶意，而同樣的話在賴清德擔任市長時相信一定也講過，說不定還獲得好評讚許。所以如此被人放大，只說明了民眾的積怨已深，「功德院」成為宣洩的表現。

而綠營朋友也無需為民進黨政府抱屈，畢竟過往幾年馬英九總統所說「有沒有吃兩個便當」、「我這不是來了嗎」等語，被扭曲嘲笑絕對不下現在，而時隔不到一年前的全聯總經理徐重仁所講「年輕人太會花錢」，在當時網路上的口誅筆伐下，有人認真去探究徐重仁真正的原意嗎？是以別怪罪民眾的真實感受、而更應該思考的是，當政府所言每句都被視為「幹話」，後續的改革、執政還能推動？還是又要提前跛腳，等待再次輪替。

最後，選舉是一時、國家長治久安才是永遠，現在民進黨政府執政如果失去民眾信賴，則無論多麼立意良善政策也只會徒勞無功。當政局空轉之際，競爭者可是不會好心等待；而蔡英文政府如果不能讓所說的話被民眾聽來不像「幹話」，至少可以做到少說話、多聽人民心聲、多做點實事；畢竟「幹話」說多了，遲早也會被人民用選票「幹掉」！

蔡英文總統請正視「茫」字代表含義

每年由媒體公開徵求名人薦字，並在網路上接受民眾廣泛投票所產生的「年度代表字」，也算另種為一年做總結的方式。代表字產生可能是當年民眾最有感、或是最常出現、甚至是社會大事件；字意正面、當然代表當年社會和樂和諧、充滿希望；字意負面，則領導人更應慎之戒之。106年，國人票選出的代表字為「茫」。

「茫」，根據教育部國語辭典解釋有「模糊不清、惆悵無所知」之意，而常用衍伸詞彙則有「茫然」、「茫茫渺渺」、「茫茫苦海」等，其意皆脫離不了「無所知、無窮盡、看不到盡頭」之感。換言之，「茫」代表著迷失方向、卻又不知目標在何方，國人用此字來代表 2017，是否也在傳達現正陷入迷團、找不到方向逃脫？

過去一年半執政的蔡英文政府，該怎麼看待這個由民眾所發生的警訊呢？如果說政府是人民票選出來帶領社會邁進，則國家方向、社會動能都將跟隨政府指引；其中領導人更是如同船長般重要，需研判海象、聽取報告、決定目標、微調路線，一步步的帶領全船抵達勝利彼岸。然而，開了一年半的船、卻仍讓船上人員

感覺在原地打轉、迷失方向，這個船長明顯不及格。

觀今鑑古，過往歷代此情況比比皆是，說些故事與讀者分享。最早發生在黃帝蚩尤大戰，蚩尤所領野蠻一族運用法術讓黃帝大軍陷入五里霧中，伸手不見五指、前後不尋方向。正在戰況危急之時，天女拿出指南車指點方位、讓大軍得以尋求出路，最終獲得勝利。在此故事、顯然「茫然」不可怕，「心頭抓平定、不怕樹尾作風颱」方可尋求生機。

鏡頭來到三國時代，蜀吳聯手對抗曹操，臥龍先生諸葛亮也曾利用曹操天性多疑，且不熟水性，在大江上「茫然」之際，鼓聲大作、一時四面楚歌，只能對著大霧中狂放十萬支箭，最終全數皆被草船「借」走。在此例子，「茫然」是大忌，一個不慎、也就種下來最終赤壁失敗的結果。

由此觀之，「茫然」只是暫時，最後結局仍端看局中人能否找到方向、持續往對的方向前進。如今台灣社會經過民進黨政府一年半執政，內政方面傷害了軍公教階層、破壞了政府誠信，前瞻計畫讓後代子孫負債累累，而一例一休一年一修、更將徒勞無功；外交方面，邦交國聯繫岌岌可危，兩岸關係冰凍已不只三尺，陸客來台人數大減，總總顯示在這茫然的五丈原裡，更需要領導者傾聽民意、調整腳步。而非一意孤行、充耳不聞。

所以，如果在經歷105年的「苦」、106年的「茫」，蔡英文政府必須正面思考，內政問題處理到底圓不圓融、恰不恰當？而兩岸路線有沒有調整空間？而外交是否還要與中國強強硬幹？這些都是無法迴避的必考題，也是民眾最關心的根本問題。

最後，筆者引用2017年電信業者簡訊比賽陳思宏先生的佳作作品，「人民的聲音我聽見了。翻譯成古文就是『朕知道了。』」蔡英文總統，新聞、民調、到現在的年度代表字，在在都是人民的聲音，您的反應是只會知悉、還是會做出調整改變，就端看您是否真的把自己幫成女皇了。

蔡政府民調低，問題在於不誠實！

2017年即將在兩天後揮別，而過去這一年台灣社會普遍仍有著不知名低氣壓籠罩，尤其最後一周內政外交兩部會輪流放火，更令民眾不耐；更表現在由票選年度代表字「茫」可以想見。平心而論，雖說蔡英文就職一年七個月，但國家機器整體仍有賴公務人員的運作，怎會落差如此之大？在於蔡政府的反覆被民眾看破手腳，套句美國總統大選時的名言，「笨蛋，問題在於不誠實！」

回顧過去一年，閉上眼三十秒，還記得蔡政府帶來什麼福國利民之事？或是馬上映入眼簾的就是粗暴的年改？說不清的前瞻？過去20年不曾有過的大跳電、勞基法再修正可以作功德、也要發夢想，以及伴隨而來大眾茶餘飯後笑笑的「幹話排行榜」。除此之外，有什麼有感的施政成績單可以拿來說嘴？不以人廢言、以偏概全，一定會有朋友惦記著黨產和轉型正義條例的通過，但如果一個國家機器只剩清算政敵的功能，那這個政府到底服務的2300萬人、還是那少數的台獨份子？

這些其實起因都是不誠實，而因為海水一退，就知道誰沒穿褲子。因此時間一到，就看出當初政客開的芭樂跳票，一次次的累積，又怎能讓民眾有信心呢？

年金改革當初說國家要破產，大刀一砍之後

把眾多奉獻一生的公教人員賴以為生的退休金刪除，另一頭卻破格增用高達近 400 名的政務官；還有行政院債留子孫的 4 年 4000 多億元的前瞻計畫，所以國家到底是有錢還是沒錢？會破產還是不會破產？選擇性的面對，就是不誠實。

在野時說台灣其實不缺電，結果執政不到一年半來個全台大跳電，或是中火火力全開讓 2300 萬人一起用肺換電，近日報導非吸菸人口得肺癌數大幅增加，這代表什麼？代表過往為了取得政權而操弄的非核根本是紙上談兵的笑話，用激烈言語煽動百姓，就是不誠實！

更別提那幾乎每周一句的幹話了，詐欺犯被送往中國，選前張牙虎爪、選後已讀不回，這種行為當然是不誠實；選前跟勞工保證實質周休二日、選後說要給大家加班的機會、還能積假去美國，自相矛盾的說法，難道都不會自覺不好意思？

近期的內政部役政署大耍官威不也如此？第一時間否認、再來道歉、最後請辭下台；別忘外交部領事局的護照風波，第一時間斬釘截鐵否認、再來疑似、最後全民買單8000萬外加局長請辭，這些操作儼然都成了蔡英文政府面對質疑的sop。「否認、可能、才承認」，慶富案如此、役政署如此、領事局如此；對民眾都能不誠實，那還有什麼公信力可言呢？

再深入一些，護照事件更是離譜，還怪罪到前任局長。平心而論怎會有關係？連把巴拿馬搞斷交的駐外使節都能高升的同時，卻對一位公務人員如此究責，未免太過牽強；且國人氣的是印錯嗎？與其承認錯誤，國人更在意外交部第一時間的否認信心所謂何來？連查證也不查證就反擊，這種不誠實又像刺蝟的政府，只是想把人民當成敵人的看待，那又怎能怪民眾無法給予支持呢？

最後，還有人記得 2017 年的一開始，蔡英文總統承諾什麼？忘了沒關係，因為要記得沒作到的事情真的不容易。「2017 拚經濟最重要」，這是一年前蔡總統的公開承諾。一年過去了，現在聽起來這句話是實話、夢想、還是幹話，各自點滴在心頭。而放眼未來，如果執政團隊心態不改，這樣的事件只會更加層出不窮。誠實，真的比什麼都重要！

新年還是要有新希望，願台灣風調雨順、中華民國國泰民安。

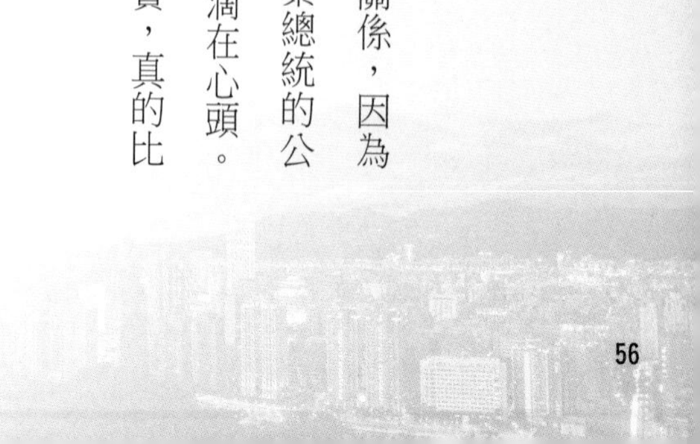

總統是球隊總教練、而不是吉祥物

在過年前的最後周末，蔡英文總統臉書貼出去摩斯漢堡排隊點餐照片，藉此回應（或鼓勵）外界對於加薪議題，簡而言之，就是政府無法促進經濟活絡（所以今年希望仍是拚經濟）、也沒有強制能力要求企業加薪（所以三萬元只能是夢想）的情況下，有企業仍願意增加給員工薪水，或甚至僅是調整到應給的額度，就可以獲得蔡英文總統臉書上百萬的曝光機會和大咖代言的附加價值新聞曝光。

但，蔡英文總統，我雖然不認同您的理念和政策，但基於對總統這身份共同的尊重、以及這全台兩千三百萬人投票選出的代表，身為總統、您應該是總教練、而非吉祥物；您應該是指揮若定的總導演、而非出來露臉跳樑的演員。

過去一年七個多月的執政就不多說，單就過年前後的公開發言，身為總統的您，對於青年低薪問題，拋出了個「夢想說」；對於兩岸，說不會走回威權時期的老路，除此之外，沒見到還有更多的談話。好似整個社會安和日麗、

天下太平。但您可知道，速食店時薪增加7元、而一次的護照錯置就要花上三億，即便選擇貼紙覆蓋，也將多支出一千六百萬，這樣一次就浪費了打工族230萬次的薪資漲幅，微幅調漲就敲鑼打鼓要媒體注意、虛擲公帑卻充耳不聞，難道錯誤讓全民買單的錢，不也是蔡總統心中最軟的一塊所付出的嗎？

再者，除了假裝排隊買漢堡以外，相信一定還有更多事情等待總統處理，這也是為何總統府要花許多人民納稅錢去編列工友、隨扈、秘書等職務協助總統，日理萬機、就是希望總統身為全體人民的代表，能夠把精神花費在大我、而非小我，請容許我以敬意向您說明，雖然2016年我並非689萬選票之一，但既然蔡總統已經當選，就代表您接受中華民國總統的職務，要做的是全民總統，而非青年總統、資方總統，當然更不是綠營總統、也絕不應該是獨派總統；距離2020年下任選舉還有一半以上的任期，本屆未過半，是否已在思考下一屆？否則明明應該治國卻變作秀，這不會讓人錯亂嗎？

最後，進入全球化的時代，各國競爭絕非從前可比，面對各國競爭，我國處境絕不輕鬆。更期待著國家領導人是能運籌帷握、洞燭先機之智者，不然也該是惜物愛民、悲天憫人之仁者，這是民眾出於對三軍統帥的重視、也是對國家元首的責任；如果只剩為企業打廣告、吃美食的功能，那麼找個網美、或是有才的 youtuber，效果可能更大。

請容許我這麼說，您是總統，請別遇事隱藏背後，帶領我們。中華民國的國民值得勇於任事、負責的領導者！

萬物皆漲廁紙搶 蔡英文的幸福共好？

這個年，過得好嗎？

傳統上，過了元宵正月十五，才算過完年；但今年在正月十五之前就已經狀況不斷，既是瘋搶衛生紙、又要面對另一波蠢蠢欲動的物價上漲，這大概是記憶中最不安穩的新年，而當賣場衛生紙一掃而空的畫面登上國際媒體版面時，這個年，還能好過嗎？

「你去也去搶購衛生紙歐？」前晚十點多下班回家途中停在鹹酥雞攤買晚餐兼

宵夜時酷酷的老闆冷不防丟出這句話，大概是看我拎著印有超市 logo 的提袋；我笑回「沒耶，好加在家裡還有，不用買。」「最近搶購真的笑ㄟ，這個政府真的不知道在幹嘛！」這大概是過去兩年來第一次聽到這鹹酥雞攤老闆對時事批評，印象中這個老闆是沒有政黨色彩的，但這心聲顯然是他近期積怨以深的不滿。

當然，你可以說一位路邊攤老闆的一句話沒什麼，不過如同華爾街廣流傳的「擦鞋童理論」，當路邊擦鞋童都知道告訴客人股市行情時，代表高峰的賣點已到；而當一位平時對政局冷漠、樂天知命的路邊攤老闆也開始抱怨政府時，蔡英文總統是否該好好思考，所謂的天怒人怨，不就是人民連基本的生活小事也開始不便，當生活的成本節節上升，又要怎麼保證帶給大家幸福呢？

蔡英文政府上任後先因為一例一休的草率修法，讓台灣社會經歷了一次漲價潮，食衣住行無一不漲，2017 年底再次請洪荒之力修改勞基法，勞工權益倒退比國民黨執政之前，但高漲的物價可曾有任何一家業者調整回來？現在又新一波原物料成本調漲，如果業者是合理的反映成本或許還能被接受，但民眾不禁要問，當國際原物料價格下滑時，民間的物價有哪次跟著降價呢？

綠營過去總愛針對馬英九的所謂「油電雙漲」大肆撻伐，其實現在的蔡英文政府才更加應該感謝馬英九，因為第一，當時馬英九政府的「漲」，起因是陳水扁時期為了討好民眾挽救民調的「凍漲」，如果沒有馬英九合理反映成本的漲價，光陳水扁拿國家預算補貼讓虧損持續擴大，不會有現在前瞻計畫四千億舉債空間可用，現在有錢能花，請感謝馬英九政府的調「漲」決定。

再者，馬英九執政時漲價有其不得不然的背景，畢竟台灣超過99％能源都仰賴進口，當時國際油價高達104元美金，如今國際油價僅50多元美金，來回價差一倍，百姓使用的油價卻仍是一樣?過去綠委在國會砲轟，隨手google跳出「吸人民血」、「政府智商不足」、「油炸百姓」、「滾下台」等惡毒字眼；不過六年時間，現在的蔡英文，是否要勇敢面對2012年你們黨內同志所提出的批評，還是只能繼續神隱。

最後，年假過完內閣僅調整外交、國防、陸委會等幾個國安部會首長，媒體報導這還是蔡英文的意志展現，但攸關民生經濟等部會全部穩如泰山，換句話說，過去兩年無法令人滿意的閣員，如今仍要人民持續忍受，這不是大眼瞪小眼的比賽，有能力者可以另謀生路，倒霉的是最基層勞工朋友，這些蔡英文口中最軟一塊，怎麼忍心讓他們越陷困境？

筆者在元宵節當天於臉書上發起對聯活動，上聯「萬物皆漲廁紙搶」，誠徵下聯；短短不到18小時已經湧入101則回覆，有興趣朋友可點：https://ppt.cc/fWInnx。發起這活動博君一笑腦力激盪事小、但民怨已深百姓痛苦事大，而難道這樣現象，就是蔡英文當初承諾的「幸福共好」？千萬不要只有爽到你，而甘苦到大家。

不頒褒揚令，顯示文化部只為「政治」服務

幾年前一部賣座電影「鋼鐵擂台」（real steel）受到不少朋友喜愛，其中男主角方的小機器人亞當在面對比他昂貴又壯碩的宙斯，雖然連續挨轟、卻堅持到底，拚戰至最後一刻，終了計分時靠作弊把冠軍頒給反派，但擂台主持人問小男主角，觀眾都稱呼你們為「全民冠軍」（people’s champion），小男主角稚氣又灑脫地說「聽起來挺好的！」風度格局、高下立判！

這說明了，任何的頭銜、榮耀、桂冠、加冕，只是錦上添花；真正發自內心的

感動，才是人們心目中永遠的英雄！

所以，日前余光中老師辭世，各界文化人士、新聞朋友、曾讀過余老師的詩詞散文者，無一不予環念，一時網路上、媒體報導全是余光中專題；筆者也曾弔念並找出當時在擔任嘉義市文化局長任內，由黃敏惠市長頒發出的第一份嘉義市榮譽市民狀給余光中老師，記得當時黃市長致詞時曾談到，余老師在文壇上的成就和肯定，實在已不需要嘉義市加碼，但如果能因為這樣而與余老師多些連結，進而為地方學子有更多的助益，並為嘉義留下些什麼，這才是可以建立起的百年基石。

所以，建築可以使一座城市巨大；但唯有文化，才能讓一座城市偉大。就是這個道理。

同理可證，余光中老師的辭世，是所有人的不捨，但他留下影響全球華人的作品，卻是超越任何一位政壇領袖。這樣的一代文學巨擘，有沒有那一張薄薄的褒揚令，其實一點也無損他作品在每個人心目中的地位和份量；但文化部竟連申請都不幫余光中申請，其背後的狹隘格局和只為政治服務的醜陋心態，則就令人悲哀、也感嘆文化部的墮落。

一個國家的文化部，如果主事者只存在著意識形態的偏見、如果只顧著分你我內外，這不僅是國家的損失，更是文化的悲哀。首屆文化部部長龍應台開宗明義就講「文化，不應為政治服務」。所以她上任時推動「泥土化、國際化、雲端化」，就是以台灣為主體的向外擴展，這是把軟實力向外推廣的象徵。當時也推動「國民記憶庫」概念，無論芋頭、蕃薯，只要在這塊土地生活成長都是台灣記憶中的寶，而文化部要做的事，就是把這些隨時會消失的記憶給記錄下來。

多年過去，即便龍應台現在成為在國境之南農忙的機車族，但「文化不為政治服務」的態度，仍然被許多藝文人士肯定。

如今2016年5月民進黨政府上任後，文化部除了例行工作外，最常受媒體關注工作仍是所謂「轉型正義」，包括去蔣化、228、移除中正紀念堂等。當然每個首長有自己關注施政核心，但如果一個國家的文化部，僅狹隘到為了某部分獨派人士來服務，這不就自我設限，文化部內工作的同仁又怎麼能抬頭挺胸的驕傲工作呢？

所以回到一開始的命題，當文化部長被媒體追問是否為余光中老師申請褒揚令，據報導顯示「鄭麗君沒有回答、轉身進入電梯。」何等高傲的行為、又是何等傲慢的心態讓一位部長可以如此輕率地面對文壇前輩的辭世。如果因為不認同余光中的政治意識應而抹煞過去數十年為文化所推動的努力和奉獻，那就更加證明了文化部現在就是一個戴著有色眼鏡在分彼此。

文化部 2012 年成立，前身為文建會，而擔任部長的已有三位，也許百年之後你我都會離世，但被後人所記憶的將會是某年曾任文化部長的某某？還是余光中的鄉愁？答案顯而易見，而一張褒揚令的申請與否，就看出格局的高低、與被政治蒙蔽的雙眼。

最後，人民的肯定早已說明一切，有沒有最後的桂冠並不影響永遠的懷念。如同灌籃高手漫畫裡最令人熱血沸騰的是湘北與山王之戰，儘管那張合照最後並沒有成為當期運動週刊封面，因為體力放盡湘北下一場慘遭淘汰。那年的冠軍是誰也沒有太多人關注，但櫻木花道的「我只有現在」卻是永遠熱血的宣言。而在文化為政治服務的那一刻起，這就已經註定是個墮落的結局。

蔡英文執政下的「復仇者聯盟」

本週眾所期待的「復仇者聯盟三」上映，漫威影業集十年大成早已未演先轟動，然而看過電影的觀眾都知，一開始的根本沒有聯盟的概念，每個主角都有各自盤算，之間也有相互矛盾不合之處，但因為外星威脅讓眾英雄團結抗敵，威脅越大、眾人合力也就越無私無我。

過去近兩年的蔡英文主政之下，台灣社會也因為離譜的施政，儼然有著反抗的「復仇者聯盟」成形。

過去八年民進黨在野時總說台灣其實不缺電，還指責台電經營不善、管理不佳，台灣電力如同海賊王的寶藏般藏在新世界深處。所以「用愛發電」這種文青式的口號騙到了選票、騙來了執政後，原來解決台灣缺電危機就是「用肺發電」，不用技術較領先的核電、卻用歐美各國逐步淘汰的煤電，空氣污染近年來已達新高，拒絕空汙的鄉親和環保人士，逐漸抬頭。

而兩岸關係從過去的冷凍變成停滯，兩年時間的停擺更讓破冰遙遙無期，造成中南部觀光、旅遊、飯店、餐飲業者叫苦連天、怨聲載道。「民進黨不倒、經濟不會好」這是高雄某飯店業者開啟第一槍的標語，過去二十年民進黨在高雄的執政，再再讓當地民眾感受最深，所謂春江水暖鴨先知，所以市場活絡與否業者最清楚，政府要怎麼美化數字、包裝政績，都遠不及老百姓的一句真實感受，做生意的朋友，也被民進黨刺激了。

勞基法一年二修，往資方靠攏外，也讓勞方怨嘆權益倒退三十年，而消費者更面臨全面物價上漲而首當起衝，記得農曆年後的衛生紙之亂?起因正是薪資停滯、物價高漲，大夥心態能省則省，是以即便排隊時間及囤貨空間成本遠高於真正的價格調漲，但說穿了，對於蔡英文政府的沒信心當然會反應在行為上，這一漲，也團結了婆婆媽媽等平常不熱衷政治的心聲。

再看看新教長吳茂昆的上任風波不斷，到現在仍未正面說明侵佔東華大學專利、赴陸擔任顧問等爭議，卻要由此人來評斷合法遴選出的管中閔是否能擔任台大校長，拿非法來審查合法，這不是更令人精神錯亂，坊間現在流行順口溜，說蔡英文政府上任後「顏色對了、什麼都對；顏色不對、什麼都退。」教育部長一亂，更激起了關心高教的專家學者，也願意挺身而出。

所以種種過去認為政治與生活距離遙遠的族群，都逐漸形成各自發聲的團體，在臉書、line 群組上串流號招，這樣的行動力是過去所罕見的，也許民眾並非默默無聲的一群，在離譜的施政和傲慢的作為下終將會做其反撲。

蔡英文政府應該也需好好反思，為了 2016 年獲得 689 萬餘的支持，如今卻激化了不同族群的對立和反抗，你以為可以躲在鐵幕拒馬後暗自竊笑，橫眉冷地看著各種團體間不斷衝突、矛盾，以為這樣就能高枕無憂、為所欲為？就像洛基在復仇者聯盟第一集中不斷分化激化英雄們的情感，以為能夠瓦解反抗勢力，孰不知成就了一個最強的團體，也開啟了一個嶄新的世代。

這個政府如果從開始就以為能夠不停操弄，不斷製造新的衝突來轉移施政不力焦點，沒有具體成績，這樣的歹戲還能夠拖棚多久？別忘了，歷史上每個時代的推動，都來自於一開始執政的不經意的傲慢；一隻蝴蝶在巴西輕拍翅膀，可以導致一個月後太平洋上的一場颶風，當人民的力量抬頭，就是邪惡付出代價的時候。

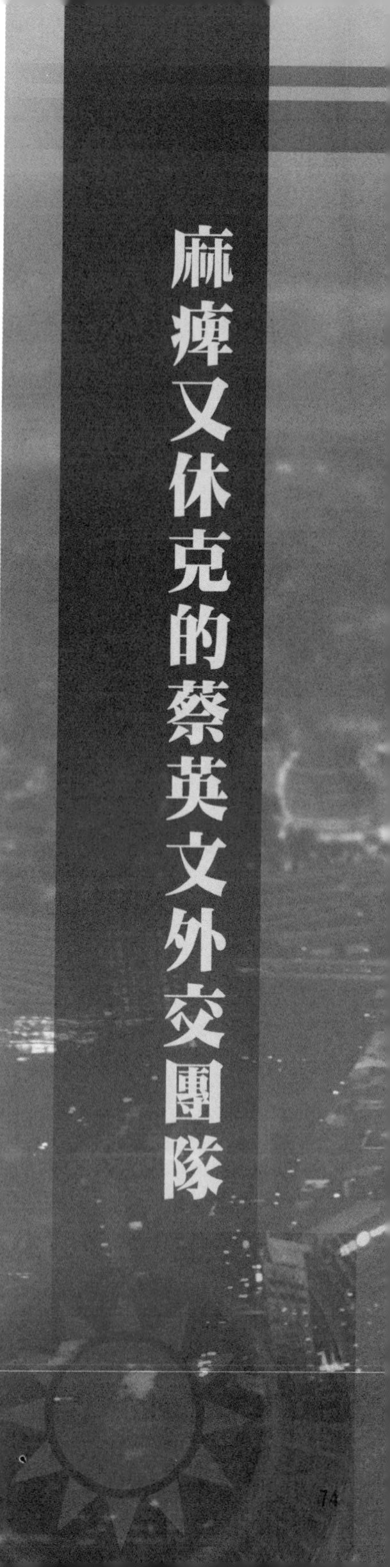

麻痺又休克的蔡英文外交團隊

又一個友邦跟我國斷交，蔡英文上任兩年又四天，四個邦交國選擇離開，更甚者直接宣布與大陸建交，這種衝擊，過去難以想像。

邦交國無用論、台灣不用再花錢養邦交這種幼稚說法省省吧，中華民國沒有了友邦，難道就會有人承認台灣獨立建國？連基礎都保不了，還妄想誰來挺台灣建國？說這種話的人不是別有用心，就是政治白痴。

事實是，過去的兩年，蔡英文執政團隊真的沒有掌握好國內外形勢，所以才會讓邦交國一個個遠離。然而，這次的布吉納法索與過去三國斷交還有個更嚴重的失誤，就是自始自終全然沒有掌握好對方宣布時機及斷交實情，才會在剛渡過520就職兩年的本週中發生此事，狠狠的打了蔡政府一個巴掌。

尤其是，24日下午的蔡總統，正與總統府秘書長陳菊，兩人開心地吃著荔枝、對著鏡頭嘻笑吃果；算算時間，同時的布吉納法索正在準備宣告斷交。

一友邦要離我而去，我國最有權力者與她的幕僚長，正在網路直播吃荔枝。這不是團隊的徹底休克和麻痺，什麼才是？

記得美國911發生雙子星大樓遭受恐攻

時，同時間時任美國總統小布希在既定行程中陪國小孩童唸故事書，當隨扈湊近耳旁告知恐攻新聞時，小布希仍然呆坐孩童身邊，這幕畫面被網友椰榆很久，更被許多美國人所無法接受。

一個三軍統帥在面臨國家危急之時，應該展現的是決斷果敢的領導力，而非還在鏡頭面前耍寶裝可愛。領導人是在重要時刻做出判斷的那個人，這是競選總統時就應該知道的責任，也是宣誓就任的那天被賦予的任務。

如果今天國家是太平盛世、歌舞昇平、夜不閉戶、四海歡騰，天天當楊貴妃吃荔枝、當褒姒放烽火，台灣百姓看到就當茶餘飯後消遣娛樂，無傷大雅，頂多只是增加不必要開銷預算，但國家能買單，也許沒人有太大意見。

然而現在台灣處境兩年內掉四個邦交國，兩岸關係已從冷凍變停滯，拼了兩年的經濟表現依然不及格，在內憂與外患的交鋒下，總統卻帶頭當起直播主、拍賣姐，到底知不知道「今夕是何夕」呢？

且再退一萬步來說，過去兩年從沒看到總統臉書上做起生意，如今卻是與菊姐一搭一唱賣起「高雄市農業局」的荔枝，鏡頭下方還有直撥電話，「趕快打進來搶購！」只差沒再說現在滿線、老客戶請打語音；敢情蔡總統已經在為未來轉跑道做規劃？還是陳菊大姐大綁架蔡英文做免錢的廣告代言？

今天推廣了荔枝、那鳳梨要不要也銷售一下？台灣知名的愛文芒果呢？接下來的文旦、龍眼難道不應該也被關愛嗎？還有總統家鄉的黑珍珠蓮霧、或是深受外國朋友歡迎的釋迦怎麼能不推銷？算一算，蔡英文臉書粉絲團每天都該開設愛鄉土水果時段才能迎合總統的行為。

而如果有點良知或腦袋的人都認為上面描述是荒謬，那麼為何蔡英文的幕僚團隊會放任這樣的事情發生？這難道不是情況沒有掌握造成嘛！

如果布吉納法索早已有情資顯示將與我國斷交，蔡英文下午還在鏡頭面前裝可愛賣水果是什麼心態？而如果直到今日下午總統府都還沒能掌握布吉納法索要與我國斷交，那這中間的螺絲也鬆過頭，溝通管道又出了什麼差錯呢？邦誼斷交可不像大學生談戀愛說分就分，就連中華電信解約都還需要帶雙證件臨櫃辦理了，國與國之間的解約難道毫無跡象可尋？越是在鏡頭面前要寶，越是暴露讓對手、國人看清領導的無能。

我國的外交處境十分不容易，這是事實；而中國大陸也確實在外交上處處給小鞋穿，所以更有賴第一線外交人員努力。但也正因為外交處境辛苦，所以才需要在位者有智慧、有謀略的處理，否則說爽話、幹話、狠話誰都能講，但是堅持所謂的政治

意識形態，讓第一線外交人員的辛苦付之一炬，然後一個個友邦的斷交，後面代表著是過去多少金錢和人員的用心付出，中華民國又經得起在幾次的蔡政府揮霍呢？

把朋友都給趕跑，幻想的台灣國就會出現？其實也不需那麼麻煩，只要我們花大錢買軍備的老大哥美國承認我們就好，但問題是自從美國與中華民國斷交後，是堅守一個中國原則、還是台灣中國一邊一國？不就說明了友邦越少，只是越限縮我國的國際地位嗎！連能與中國大陸平起平坐不看其臉色的美國也不承認台灣獨立的此刻，還要多少的自欺欺人，才能叫醒休克的裝睡者？

其實，這個問題的答案，早就已經回答了。

蔡英文總統，團結我們才是您的責任

我國與友邦斷交，蔡英文總統卻罕見連兩天公開講話，可惜的是絲毫未聽見任何反省檢討自己之意，反而重砲轟擊在野黨不團結，這番言論，著實讓人無法忍受。不禁要說，「蔡總統，團結我們才是您的責任！」

我從不諱言，過去兩次總統選舉，蔡英文都不是我投票的對象，但是我絕對尊重依據民主程序所產生出的總統人選，而她就擁有中華民國所賦予的一切權利，包括是我國的三軍統帥、包括代表著我國對外；當然，也包括著承認她及她任命的全體官員，因為這是憲法所賦予權責，而蔡英文，是我國第十四任總統。

然而，過去的兩年時間，接連失去四個友邦，其中包含與我國百年邦誼的巴拿馬，而一個月內連掉兩個友邦，更是外交一大警訊，身為完全執政的領導者，在過去幾天的發言，沒有檢討過自己的缺失、沒有反省過路線的錯誤；反而怪罪中共、怪罪在野黨，不覺得牽強或離譜嗎？

中國大陸並非第一天出現在台灣旁邊，兩方的外交戰更是不曾停歇，這是全體國民都知道的事實，連大陸官方也不避談；而無論兩岸策略或外交策略要使用何者都是蔡總統您的權利，沒有人能強迫您、也沒有人能影響您。您使用的兩岸路線及外交策略造成兩年斷交四國，如果還要別人說您好棒棒？不覺得噁心嗎！

目前在野黨所支持的兩岸路線為「九二共識一中各表」，但這與您無關。您大可對此路線嗤之以鼻、不屑一顧，因為唯有等我們重返執政，才有可能推動此認為對中華民國好的策略。在此之前，這僅限於政黨的主張，在民主的國家中，每個人都可以有不同的主張，而擁有與您不同的主張並不見叫做不團結。

因為現在是民主時代，而非帝權專制；您是總統、而非皇帝。

所以您無論如何，都不應該指責反對黨不團結，因為，團結我們，是您的責任！

請您捫心自問，在布國與我國斷交後這幾天內，您有重新檢討整個來往過程？了解為何外交體系沒有掌握布國斷交緊訊？連繫過程是否出現漏洞？中國大陸是否使出更致命威脅利誘？布國與我國的斷交案例是否能成為其他友邦防範未然的示警？還是您只是在消費斷交、指責別人、分化在野黨呢？

我曾擔任過嘉義市政府文化局局長，當然，這跟總統職務比起來絲毫不能相提並論，總統權力大多了，但我仍必須有我面對的責任；就領導全局上，我必須對上對下溝通，每辦理一次活動，我就必須接受民眾、媒體、議會而來的監督，做得好是對得起市民的託付、做不好則是自我檢討，以求下次會更好；但我從不敢也不會去反擊指責別人的批評，因為我是局長，所以任何決定我都要負起全責；成功、是全局同仁共同的光榮；失敗，則是我的判斷失準，這才是我們心目中一位領導人應該有的樣子，不是嗎？

再者，如果我去謾罵監督我的議員、如果我去責怪民眾不參加我們所辦活動，怪市民不團結當然很簡單，但是我知道民主社會並不允許這種事情發生，而任命我的市長大概也會非常困擾，怪東怪西只會顯得我是個不適任的媽寶。所以，如果連我曾擔任過地方政府的主管都知道不應該指責反對的聲音是不團結的話，身為我國最高權力的元首的您，又怎麼會如此無知呢？

您在多明尼加及布吉納法索兩國斷交後聲明通篇未提中華民國，並且偷渡台灣中國一邊一國的用詞，總統聲明當然是高度精密政治算計的產物，您已經在計畫逐步推動台獨的路線，換句話說就是要消滅賦予您權力正當性的中華民國，這何嘗不才是真正的分化在台灣的每一位人民呢？

更甚者，近兩天還有綠營民代、親綠學者開始附和抹黑在野黨是中共同路人等等言詞。而如果您認為批鬥在野黨就能夠轉移焦點、如果您認為模糊用字就能夠偷渡包心，那麼大可省省。因為我拿的是中華民國身分證，頂著是中華民國國旗，出國用的是中華民國護照，就連五月剛繳完的稅都是繳給中華民國政府，如果要否定中華民國存在，那首當其衝的而失去權力的將會是您，因為現在到 2020 年的所有一切是給中華民國總統所擁有，不是您幻想中的台灣國國王或皇后。

最後，請蔡英文總統及所屬執政的民進黨永遠記得，「人民是政府的頭家」，在民主法治社會中，每個人都能擁有主張，即便您不一定認同我的言論，但我仍堅信我的國家會保障我說話的自由，您是每個公民票選出來的領袖，但絕對不是在野黨要阿諛奉承的對象，團結中華民國，為過去的錯誤道歉，並且修正缺失，告訴國人接下來您要怎麼做，這才是您的責任！

缺電不釐清，台灣不快樂

近期充斥的社會兇殺新聞，無疑更是增添不安因子，曾經相愛的戀人變成終結生命的恐怖情人，為情所困相約談判卻誤殺路過的休假士兵，最近的日子，太不快樂了！而不快樂的個別原因當然很多，但整體社會的不快樂卻像烏雲密佈、擴散，籠罩全台，那種欣欣向榮的感覺不見了，取而代之，是不滿足和缺乏的社會焦慮。

管理學裡有個耳熟能詳的馬斯洛五大需求理論（Maslow's hierarchy of needs），羅列人類行為中從低至高五個不同階段所要滿足的需求，分別為生理、安全、社交、尊重、自我實現五需求；如果連最低層次的生理、安全需求都無法滿足的話，會讓人類自覺生存都變得困難，進一步思考能力、道德觀明顯也將變得脆弱，會為了資源而大打出手。

如同，平時上下車排隊能夠井然有序，然而在半夜下大雨的演唱會散場，就易演變為爭先恐後的推擠，因為車輛資源有限，而人的回家需求短時間無法滿足，就易演變為資源爭奪。

放大來看，台灣社會有什麼生理需求缺乏？這兩年大家越來越有感的電力短缺，就是最基本的生理需求度滿足，這也正是政府應該誠實以對台灣人民的最大問題。

一個簡單問題：台灣到底缺不缺電？不用爭論。只需打開新聞頻道在主播播報新聞的左下方，每天提醒的發電警戒列表，就可得知；再看看過往不曾頻繁的跳電，今年以來卻是不脫三天一小跳、五天一大跳的頻率，曾幾何時，電力吃緊已經是台灣無可避免的課題。

過去馬政府時期在野黨不斷以聳動的言論指責台電偷藏電力，讓台灣要增建採購多餘的核能電廠，再配合反核人士的大力鼓吹，以非我族類就不是人的惡意言詞傳達訴求；坐在冷氣房裡用鍵盤響應更是流行，沒在「不要再下個福島」旗前面拍照打卡怎麼算潮？

2015 年代表民進黨參選的蔡英文那一句「台灣其實不缺電」更是一錘定音，一時間，台電被醜化成貪婪又惡意藏電的過街老鼠，大夥僅管拿起石塊向它丟去，好像台電內部真有什麼通天本領，有辦法藏起電來不為人知，只是如果真有這樣的獨家技術，特斯拉的電動車老早就會由台灣研發生產，不是嗎？

接下來的發展也不用再多加描述，蔡英文政府上任，重啟核能電廠、火力全開發電、要公務員中午不開冷氣、還曾異想天開晚上十點之後限電，總總作為，還有人敢說，台灣其實不缺電嗎？

要治療這種不快樂的症狀，只能從根本治療，否則治標不治本，無法藥到病除。

如何根本治療？其實還是回歸到主政者的心態，因為在野時的一句「台灣其實不缺電」，讓民進黨政府對待缺電如同看到佛地魔般不能說，也連帶著一些有肩膀有擔當的公務人員也只能靜默不語，明明電力不夠卻自欺欺人，蔡英文政府就像穿著國王新衣的小丑般活在想像的世界。

電在哪裡？那時候的人們被催眠著用愛能發電；滿滿對台灣的愛，怎麼可能會缺電。

如何根本治療？就請現在的執政黨開誠佈公的承認，在野的時候為了騙選票，你說了謊、造了假；其實用愛，只能騙人、不能發電。

唯有面對，才有可能理性的下一步來討論，台灣的兩千三百萬人，也才能有對話的空間。而其實，面對電力如此、面對年金改革如此、面對任何髮夾彎的議題，也應該如此！

最後，「叭～～」長達數秒不間斷的喇叭聲在車陣中蔓延，不知曾幾何時，也不知是否為心理作用，但最近在馬路上看到聽到車輛互不相讓比例越來越高。不以偏概全，但請靜下心想想，生活在台灣這塊土地上的朋友，最近一次共同的快樂，是多久以前？

去年代表字是「茫」、前年是「苦」，今年已經過了近一半，如果蔡英文政府再不想著改變，您認為，會用什麼字來代表今年呢？

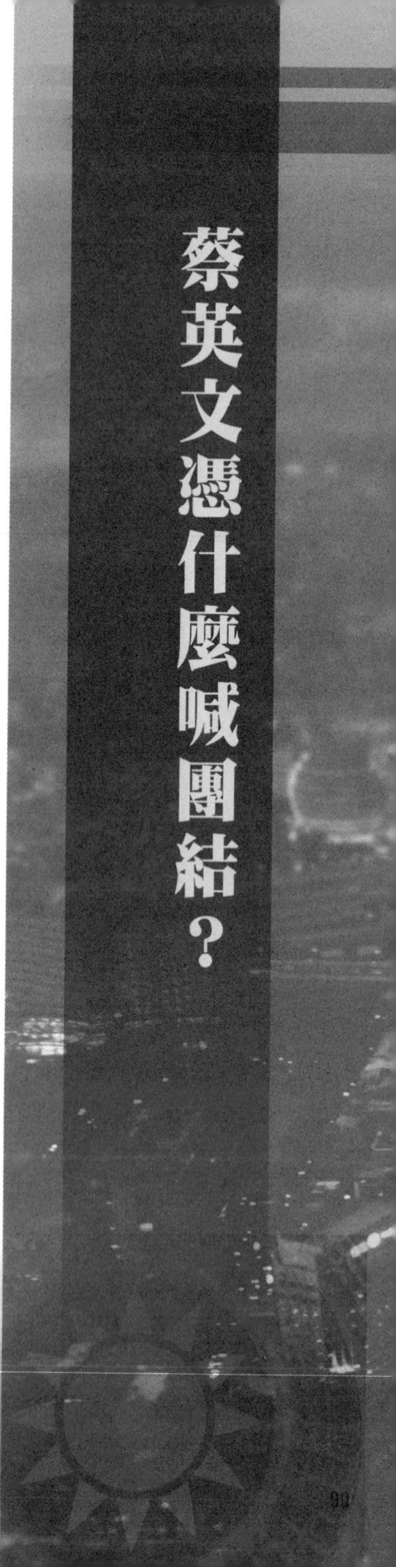

蔡英文憑什麼喊團結？

兩年三個月內五個國家與我國斷交，其中巴拿馬百年邦交情誼、薩爾瓦多也高達85年建交，如今一一斷交。國際上目前我邦交國僅剩17個，狹義代表僅剩17國認定中華民國存在，這種窘境，可能是自開國來最為嚴峻之境，且短期內恐怕還看不見盡頭，仍有多個邦交國岌岌可危，造成此情況的執政者，最當負責！

蔡英文政府上任到現在，內政失利就不再贅述；兩岸、外交上更是令人感到無力，尤其是我國在外優秀的外交官員，每位能特考當上外交人員，對於國家發展總都有一番抱負，然而在上位者的政治意識形態作祟，百日來三個斷交，除了第一線官員無力外，國內媒體及民眾好像也已無感，看著那千篇一律的罵中共、罵對方貪得無厭，就是不曾檢討執政黨本身，難怪一錯再錯、斷了又斷。

為何蔡英文要負最大責任？因為這是在野時的民進黨要求！因為民進黨在野時既酸馬時期「外交休兵」為「外交休克」，又說斷交代表兩岸關係不力、政策錯誤；用同一標準，現在的蔡政府不只休克，根本已經入加護病房以葉克膜維生，奄奄一息足以形容。

從來不認為我國的國際空間是唾手可

得，畢竟放眼國際，我國地小、人少，旁有世界第二大經濟體為鄰，所以過去能在國際上佔有一席之地，本就不易；而發展過程風雨不會輕易停止，這更有賴領導人有智慧帶領。如同汪洋中的帆船，我們無法控制狂風巨浪的行程，但船長有責任挑選平靜的浪間通行、有賴經驗的判斷選擇浪小的時刻前進，這才是合格的船長不是嗎？

現在的蔡英文，就像個明知浪高還硬碰硬的魯莽舵手，正面對決後碰得遍體鱗傷，在破碎的甲板上指責為何全體船員都不團結？問題是，當初選你擔任船長時，你不是才答應要維持平穩的航道行走嗎？現在兩年內撞了五個大礁石，不怪開船的你、難道要怪礁石為何不躲開？

而過往兩年多，對內用不當黨產條例、促轉條例磨刀霍霍針對國民黨而來；口說正義卻大刀一砍向軍公教退休年金；一年內兩次勞基法大轉彎、讓勞方不滿意、資方不領情、消費者因為物價上漲而造成三輸局面；以上種種，哪一個不是撕裂族群、造成對立之處？現在更有媚日代表謝長廷搶發言要打壓台灣為慰安婦阿嬤發聲的權利，別說蔡英文沒資格呼喊團結，就連破壞團結的始作俑者也是民進黨，在這前提下，呼喊口號是最廉價的作秀。

所以，除非不當家，否則領導者越是振臂疾呼團結，代表他越沒能力整合全體，因為在人類社會中，團結從來就不是嘴說就能達成。而最令人諷刺的，三年前的今天，蔡英文在其臉書上發表篇名為「團結台灣是領導人的責任」的文章，但對比現在所作所為，以及外交上無能的失政；蔡總統，分化是你、破壞是你、政治意識作祟是你，你是最沒有資格喊團結的領導人。

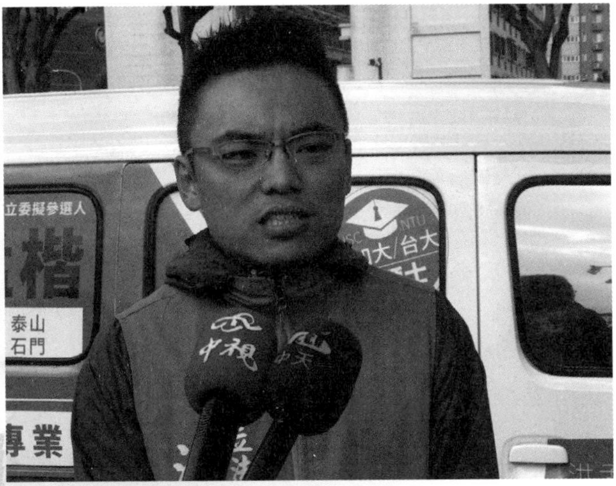

請鬼拿藥單的新南向救觀光

從蔡英文政府上任以來，「新南向」喊得震天乍響，好像東南亞國家一夕之間冒出，過往都沒往來。而會大力發展南向其實就是其他向無路可通；往東往北，日韓早已成熟開發，西面兩岸關係既冷凍又停滯，不往南走、沒路好走。

仍本週傳出泰國擬增加簽證費用，讓單趟前往泰國光簽證成本就已逼近台幣兩千多元，雖然消息公布後不到兩天，泰國方緊急再發布「辦理無任何改變」以示泰簽費用不會調整，但目前泰國給予世界上近80個國家或地區免簽證禮遇，包括亞洲周邊韓國、日本、新加坡、越南、緬甸、香港、澳門、馬來西亞、柬埔寨等都是免簽優惠，我方為何沒獲得對等的待遇？是熱臉去貼冷屁股？還是我們非泰國遊客不可？

並且引發我國上下譁然更因為自前年起開始以「新南向」的名義開放東南亞部分國家免簽來台，泰國作為其中重要國家之一，以國際慣例上相互友好的作法，沒有互給免簽優惠已經令人狐疑；如今又試圖增加簽證費用，這不就是意想把免簽的80個國家遊客入境成本轉嫁在其餘須簽證國，包括我國旅客難道要當這冤大頭？當然更令人無法接受。

且平心而論，過去數年陸客自由行變多，或日韓遊客前來台灣旅遊時，在幾個熱門交通要點，如前往九份公車的忠孝復興站附近，總能遇見一兩位手拿旅遊書的外國朋友問路，我們倒也樂於做國民外交、幫其解惑。現在開放泰國免簽兩年過去了，敢情有任何人在街頭上遇過泰國朋友問路的經驗？如果真如外交部數字如此美化，那麼大量的泰國遊客進台，都去哪了？

根據移民署數據，在開放泰國民眾免簽前，過往並無在台查獲任何泰國籍賣淫人口。但自2016年8月開放免簽後，統計至2018年3月，移民署發現竟有高達1,424名旅客，來台目的與簽證說明上頭目的並不相符，其中更有近三分之一被查獲從事賣淫工作。不禁要問，除了非法增加，這難道就是泰國免簽後對台灣社會最大改變？

主管觀光的政委張景森第一時間跳出來護航，其邏輯之簡略、話術之低落，更加令人啼笑皆非。張政委信口開河說「觀光消費收入淨增加將會超過100億」，又說這是推估數字。簡單的說，張政委把免簽前泰客來台數約12多萬人，免簽後來台數達29多萬人，兩者相減後乘上平均停留的8.1天數及每日平均花費數，得出近百億的數字，以此洋洋得意。

但謬論就在於，東南亞旅客撇開自由行不論，一般團客皆僅安排五天四夜或四天三夜旅遊，根本不會與張政委所想平均8.1天相同，換句話說，除非來台的遊客個個都是慢活於台灣long stay，不然就是增加的29萬多人裡並非全然都是觀光客，部分的泰國來台者利用我國給予三十天免簽優惠停留從事其他活動，並非旅遊，這就是真相。事到如今，我們還要頭埋沙裡、自我催眠嘛？

再者，現更傳出張景森為救今年銳減的觀光人數，把腦筋動到了越南與印尼頭上，泰國人均GDP5,000多餘美元，相較印尼的人均GDP3,500多餘美元、越南人均GDP更僅2,100多餘美元，幾乎都是泰國的一半。放著人均GDP8,000多於美元的陸客不要，迎來泰客，現更要廣開大門免簽招待印客、越客。請問，台灣觀光何時做得如此卑微？

所以，只要稍微用常理判斷，就可以

判斷現在一直開放免簽給東南亞國家，到底是助力、還是阻力；是錦上添花？還是飲鴆止渴？今日是九月一號，2018年眼看已過三分之二，且暑期旅遊旺季過完，來台觀光人數依照統計，今年將是繼突破千萬觀光旅遊數後首度不到門檻，即將繳出如此難看的成績單，也難怪蔡英文政府想方設法要美化數值。開放免簽、增加補助，將只是表面功夫的第一步。

新南向原來衝的是數字，而非真正觀光產值，何況，還衝不到。所以說，這不是請鬼拿藥單？什麼才是。

蔡英文能看清人民「翻」的意義嗎？

2018年選出代表字「翻」，「翻」可以是動感的翻滾、翻轉；也能是生氣時的翻桌、翻臉；或是意想不到的翻盤，還是整個秩序大變的翻天覆地；或就只是這一個字所代表的意義，「翻」要做的就是改變現況、全新出發。

對比過去五年的「假」、「黑」、「換」、「苦」、「茫」。看來「翻」這個字，大大加分，象徵台灣即將谷底反彈？

這將建立在執政者有正確的認知，真正了解人民選出翻字的意義，否則自我持續感覺良好，一翻再翻，將讓人民不只想翻桌，也會讓執政黨徹底翻船。

就拿幾個九合一選舉過後的觀察指標來看，現在執政黨真的看清人民為何選擇了「翻」嗎？

首先，選後辭去民進黨主席的蔡英文，回歸總統身份，也象徵為九合一敗選負責；然而對照其所做之事，讓人懷疑到底與選前有何不同？先是下鄉到各民進黨敗選之地與落選人開檢討會議。包括高雄陳其邁、彰化魏明谷，甚至抵達嘉義市涂醒哲時，還脫口說出要推出平價菸品來挽救流失民意，無疑打臉國健署現在

ETtoday
國民黨文傳會副主委
洪孟楷
ET民調/選2020總統 柯P支持度27.5%無人能敵
雲端最前線
3人下台止血不夠! 內閣未來有"第二波調整"

所做一切努力。

讓民眾感到不解的是，民主政治就是民意政治，所謂少數服從多數，既然已經在九合一選舉時用選票產生出了新民意，身為中華民國元首，不去聆聽了解獲得勝選的縣市長想法，卻與落選的同黨籍人士相互關懷取暖，做這樣事情的蔡英文，到底還沒忘卻自己是總統、還是主席？

再者，一連串的柯綠合作新聞從台北市姚文智辭去立委後補選開始產生；坦白說，姚文智大概做夢沒想到，選前為了激勵士氣所做的辭去立委動作，竟然變成選後民進黨拿來與柯文哲談判籌碼，且依照走向，柯綠所謂合作，就是該席立委參選人要獲得柯文哲滿意；不滿意，就是多出一人競爭，所以柯家軍一字排開包括學姊、大學姊、發言人等，就是象徵兵強馬壯，執政黨請提前來談。

能夠讓柯文哲如此有恃無恐，恐怕追根究底也並非爭台北市一席立委，真正主因還是 2020 的總統大位，蔡英文連任之路最大敵人之一的柯文哲，如果跳出來參一腳，將極有可能重演九合一台北市長選戰局面，三腳督但兩強一弱，到時誰是被棄保對象，明顯至極。

因此為了2020的選舉，而犧牲本次的立委補選，繞了一大圈，卻仍不脫離政治算計，蔡英文的出發點還是自身的連任之路；既然無法跳脫出自私的框臼，那有怎能回應民眾想要「翻」轉的改變呢？

最後，一次次的媒體放話，從賴清德一月辭職、十二月辭職，到最新的不主動辭職，蔡英文用一個所謂仿效白宮總統談話方式的「迴廊談話」來發表言論，形式充滿噱頭，但內容卻了無新意，蔡英文十多分鐘的發言，又是民進黨、又談到盟友，還是沒有脫離過去民進黨主席的身份，如此模糊不清又曖昧不明，這樣談話在迴廊、走廊，還是髮廊？有差別嗎！

厚厚一疊講稿擺在講桌，發言不時地低頭看稿，這跟對著讀稿機講話有何異樣？強調「黨，在面臨困境和困難時，團結非常重要。」但是蔡總統，您現在身處總統府、身份是中華民國總統，開口閉口卻都在談黨，難怪還是不懂為何人民要把你「翻」掉。

迴廊談話開始前，蔡英文俏皮地問了在場記者們一句，「覺得這個新的方式怎麼樣？」當聽聞記者回覆像美國總統的感覺時，蔡總統既然還燦笑說「自然光比較好一點。」拜託，用個迴廊就像美國總統，那把玩 iphone 不就變賈伯斯？喝杯馬丁尼就化身詹姆士龐德？所謂沐猴而冠，不過如此。

距離任期結束還有一年多的蔡總統，如果真不能看清今年「翻」字所代表含義，那麼等著被推翻，也就只是時間問題了。

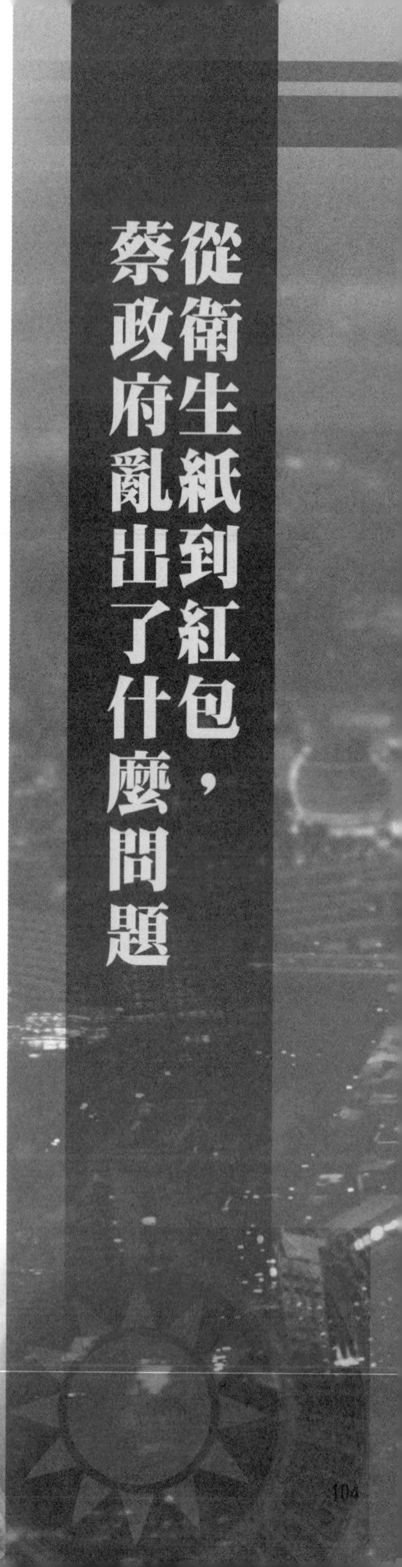

從衛生紙到紅包，蔡政府亂出了什麼問題

2019年不過才經歷十來天，蔡英文政府卻也早已滿天風暴，其中「紅包之亂」堪稱新年讓蔡政府跌一大跤，超收稅務的盈餘，莫名搖身一變成為了經濟紅利，一句照顧經濟弱勢、優先分享，變成發放消費卷、現金卷、還是社會福利卷，沒人說的準，最後迫使行政院副院長上火線說明，再次政策轉彎、見怪不怪。

這讓台灣社會燒出一肚子火的亂源，追根究底的放火者，還是蔡英文與行政團隊的疏失，這樣的鬆懈，連綠委自家人都看不下去，一句「發錢發到被抱怨」，當中無奈，最為貼切。

這大概也是史上頭一遭，總統的元旦文告內容，卻演變成媒體報導、部會放話、最後政院收尾的一場鬧劇。而蔡總統的臉書更連發數篇文章來洗版面撇清，令人不禁感嘆數位時代真的來臨？白紙黑字的文告效力比不上社群媒體的小編發文？一句因為最近社會太多以訛傳訛，所以要回文以正視聽，然而，民眾要問的就是，這把火不正是您所點燃的嗎？

放了火卻怪燎原，要社會大眾別盡信謠言，但問題是，如果沒有真實可靠的消息來源，媒體敢大篇幅報導？如果沒有煞有其事的政策宣導，民眾又怎能照單全收；說穿了，從衛生紙到紅包，有個始作俑者後，在無形的推波助瀾下才成為襲擊台灣的大海嘯嗎？

去年的衛生紙之亂，源頭雖指向大賣場聯合炒作，讓屬於民生必需品的衛生紙一夕之間爆紅成搶購品，貨架上空蕩蕩的一掃而空，徒增多少家庭困擾；但公平會的慢半拍不作為，加以國人萬物大漲的預期心理造成壓力，寧可拿家中有限面積來推放，也不願半年後多花錢當冤大頭心裡，最後演變轟動全台的衛生紙之亂，牛步的政府，讓民眾連小確幸也如此艱辛。

今年的紅包之亂，更是離譜至極的粗劣操作。明明是超徵稅收的多餘款項，硬要變成了國家發展的經濟紅利，貪快搶先在元旦文告中釋放國內大利多，到底是蔡英文自我感覺良好想要大過年發紅包，所以先講先贏功勞往身攬？還是幕僚馬屁拍在馬腿上，把八字還沒一撇的政策寫入講稿，讓讀稿機播放、講者照本宣科，結果烏龍連連、無法收尾？

再者，隔兩天的平面媒體頭版頭整版報導，幾近拍板的三萬以下補貼新聞一出，更是讓全國民眾信以為真，往後的方向不再是要不要發放，而是何時發放、為何發放、以及發放的對象討論。試請問，媒體不是笨蛋，不夠客觀準確的消息來源是不可能通過層層內部檢核變成新聞，即便現在網路新媒體時代，即時新聞搶快，但如果隨便路人甲所說，記者也不會採信登刊，也不足以成為消息來源。

換言之，所謂的三萬以下絕對是有所本的權威管道，代表曾經過討論，並非空穴來風的消息，最後卻演變成翻臉不認，把尚書大人風往哪邊吹、就往哪邊倒性格表露無遺。

最後，一筆預算的運用，無論金額大小，主要目的僅能有一個，其餘是附加價值，如果又要馬好、又要不吃草，這種預算要不早已不存在世間、要不還沒研究出來。本次看到400億紅利的分配，既想照顧弱勢、又想幫助青年、最好又能為台灣社會拼經濟、救觀光。所以這筆預算在蔡政府心中的定義到底是社會福利？資本建設？又或是拋磚引玉的投資基金？沒人說得準，因為主要目的多頭馬車，當然不易聚焦在地。

調整過後的400億盈餘，最後又說要解決迫在眉梢的非洲豬瘟防疫，讓主要目的新增衛生福利的面向。以前常笑稱吝嗇的人「錢比較大」，一百塊可以像一千塊般使用，如今這多收400億既要負擔弱勢照顧、經濟動能，連非洲豬瘟防疫也能算在頭上，面面俱到其實就是面面不到，也代表當初根本沒謹慎思考如何規劃。

況且因為近期非洲豬瘟防疫如熱鍋螞蟻，讓政府能名正言順動用預算；但反向請問，還好過去沒使用掉400億，讓現在有錢花，否則面對豬瘟我們難道只能束手無策，天天搞政治意識鬥爭喊台獨，就能防止豬瘟擴散？

「紅包之亂」大概是頭一遭發放尚未成功，已經胎死腹中的撤幣政策。想慷全民之慨的討拍，就是全民都無法接受的憤怒。蔡政府全然無法脫勾，執政黨委員更是口誅筆伐地罵得比誰都大聲，只剩一年就要面臨的總統立委選戰，當然讓想連任的綠委們都急跳腳，害怕的不只是神對手、還有搶當豬隊友的蔡政府；不過也奉告全國民眾，這次讓我們睜大眼睛，人民有權選個「不會作亂」的政府。

當整個政府都在按讚、分享、網紅化

話說前頭，「網紅」不是個負面名詞，是所謂網路紅人的簡稱，而網路紅人則拜近幾年社群媒體的發達，以及直播、拍片便利性，還有智慧型手機、數位相機越來越輕巧普及，造就民眾經營社群門檻越來越低，只要有創意、敢秀、與眾不同，人人都有機會成為新一代網紅。

過去曾有句話說，「每個人一生都有十五分鐘的媒體焦點時間。」用現在的觀點來看，運用社群網站，確實自己就能創造非凡的關注焦點。

然而，做一行像一行，網紅是職業，獲利來源靠關注、靠追蹤、靠代言，而對比本週一上任的蘇貞昌內閣團隊，或是過年後被戲稱撿到槍的蔡英文總統，在社群上越來越多「網紅化」的行為表現，這難道是掌握國家大位者最優先順序應該處理的事？

首先，蘇貞昌本次參選新北市長，靠著掃街直播、社群操作，在部分民眾心中認定與過往的蘇縣長、蘇院長形象不同，更加鮮明活潑的表現，讓年過七十的他，也能吸引年輕朋友目光；上任時告誡全內閣閣員的一句，「直播時代，耐性才10秒。」更一錘定音般告誡不要再落落長的官式文章。官員們的皮，真的該繃緊一點。

蔡英文總統也無獨有偶地在本周四推出「小英去哪裡？」的系列首支影片，兩分多鐘，剪輯、拍攝夠專業，節奏也屬流暢佳作，內容更以總統之尊卻大走親民作風，前往年輕人的潮流聖地西門町，吃平民小吃、買滷味珍奶，刻意的讓總統自己掏錢自己找錢，整支影片沒啥能挑惕，但這也就更凸顯了為拍影片而拍影片的「網紅化」策略，到底這是不是總統應該做的事？

一個政府的核心價值或是國家的永續規劃發展，絕對不是建立在一則政策影片多少人觀看？有多少按讚數？或是被轉貼分享了幾次；畢竟，這是治國，不是在選舉。選舉的時候，可以不斷討好選民，親民作風，加深選民印象，只求在投票當天民眾願意把手中的一票給予，這是一次性的銀貨兩訖，講求的是你情我願的投票行為，在這感性大於理性的時刻，當然需要不斷的行銷宣傳。

但國家治理面對問題五花八門，兩岸、外交、國防沒有一樣輕鬆，更有三年、五年、十年等中長期計畫必須步步腳踏實地，當一個手握最高行政資源的首長只在乎即時即刻的回應宣傳，當三軍統帥變成逛街合照的人型看板，上行下效，會否公務人員又把大多數精力放在拍影片、玩臉書、搞直播上？忽略了要讓政策永續、建設穩定。而這些，才是治國的扎實基本功。

如果用上述標準來回頭看，蔡英文也好、蘇貞昌也罷，恐怕民進黨政府仍是無法回答，到底拍了幾段影片，在社群媒體上多了互動按讚，對於國家政策發展有何幫助？九合一選舉的落敗，難道是社群媒體操作不夠用力？還是換個角度問，現在台灣沒有比拍影片更重要的事情需要改進、處理？非洲豬瘟疫情穩定了？虐童事件層出不窮怎麼辦？兩岸的急凍除了嗆聲，仍後呢？如果答案是否定的，那麼買了滷味、拍了段一日系列，只為「體驗一下西門町觀光客的感覺」；蔡總統，您是不是太早進入了選舉模式了呢？

當然要護航者絕對可以舉出拍影片的好處，隨便講就有不少。包括展現總統親民的一面，可以增加信賴度；增加影片觀看點擊率，讓往後政策更容易被擴散分享；或是要過年了，拍點輕鬆的影片不行嗎，在野黨一定要為反對而反對？

請別誤會，誠如我開宗明義所說，「網紅」不是負面，相反的，在可預期的將來，網紅們的影響力只會越來越強。如同理科太太能夠專訪蔡依林，九合一投票前眾選將紛紛搶與館長同框，前十大網紅的年收入突破千萬，總總事件顯示，要當專業夠格的網紅，也絕不是玩票性質就能夠成功，背後的設計、企劃，甚至是一群人共同的功勞。

只是，當一個政府網紅化後，在意的將不再是政策可行性與否，而是張貼出來後多少人願意主動分享；不再是政策符合民眾需求與否，而是拍成影片是否有創新高的觀看人數；不再是未來十年台灣需要的是什麼，而是經過十秒觀眾是否還留著持續按讚。這樣淺碟思維，恐怕才是將來要面臨的最嚴重挑戰。

當看到粉絲專頁後台數據攀升時，我猜測蔡總統應該也會或多或少有些得意，畢竟被人認同、讚賞，總比一直謾罵、批評來的舒服。然而一個事實是，即便蔡英文粉絲專頁的貼文平均讚數來到四五萬，然而，對比 2016 年總統大選得票 689 萬多餘票，還有多少未出聲的民眾冷眼旁觀？這是執政者該好好思考的問題。

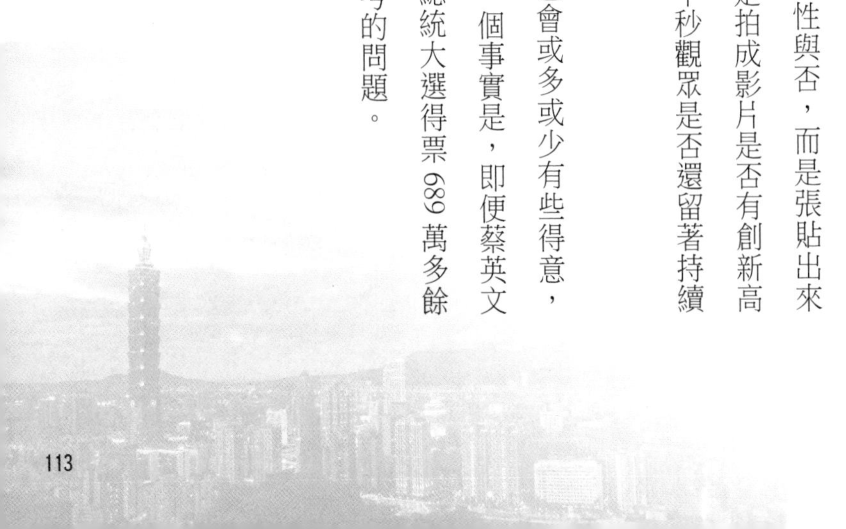

誰讓民進黨只剩一口氣？

再過五天就要立委補選投票，這次的補選激烈程度有別以往，有媒體更戲稱這是總統級規格選戰。其中，賴清德一句「民進黨只剩一口氣」更讓人好奇，誰有天大本事？讓現在的執政黨，苟延殘喘。

是國民黨嗎？被黨產會凍結合法資金，被促轉會磨刀霍霍，在國會只佔有34席次，要比人頭絕對輸，比拳頭也沒贏過，別說讓民進黨剩一口氣，國民黨自己能保住氣沒被清算鬥爭就該謝天謝地。

是側翼小綠嗎？包括不同政黨、社運組織等團體，過去與民進黨相互唱和，以鬥倒國民黨為己任，無論是太陽花、還是反核等激進團體，用美麗的詞藻包裝政治的立場，然而 2016 年後逐漸噤聲，分官封侯、水漲船高，誰還記得監督執政？更別說讓民進黨只剩一口氣。

是阿共陰謀嗎？如果真是阿共讓民進黨輸到趴在地上，這中間大有問題；馬政府執政八年，能夠捍衛台灣民主價值，讓在野的民進黨成長茁壯，進而贏得再次政黨輪替的機會；到了蔡政府不過短短執政兩年半，兩岸關係全面潰堤崩壞，讓阿共長驅直入，還把執政的民進黨只剩口氣，如此，誰有能力保衛台灣、誰讓台灣毫不設防，不言可喻。

所以，到底是誰讓民進黨只剩一口氣？答案是人民；因為九合一選舉結果是台灣兩千三百萬人用選票所做出的正確決定。那是什麼讓人民決定要給民進黨一個教訓？不就是因為民進黨操弄民粹、消費民主已經令人反感，在野時說要選票來守護台灣、執政時也說要選票來保障台灣，又說民主聖地不能輸，問題是，台灣民主從來沒輸過，輸的是蔡政府沒能了解民意、回應民意，這才是重點，不是嗎？

就拿現在競爭最激烈，且過去是深綠鐵板一塊的台南及三重補選來說，有誰想過，民進黨在這兩選區要選到求爺爺告奶奶，連賴清德站街頭次數比過去自己參選市長時都還要頻繁，府院黨全體動員分別掃街站台，這畫面根本不曾想像。

但為何深綠的台南區民進黨選得那麼辛苦？除了謝龍介掌握媒體話語權，除了韓流加溫再現民主貪食蛇車龍外，內行人都知道，真正讓民進黨在台南選得辛苦的主因就是分裂，尤其陳水扁幾近明助陳筱諭，更讓原本知名度、聲量較低的郭國文選得吃力。然而，是誰過去兩年多放任一個受刑人在外趴趴走不遵守規範？是誰一再退讓底線讓陳水扁步步進逼與取予求？又是誰讓保外就醫條件從不談政治到現在能寫臉書罵政府、評時事，還能天天電視台量身製作節目？這些都是民進黨執政所種的因，現在當然只能嚐到分裂的苦果。

如果不是過去的縱容，今天在台南就不會有扁的勢力集結，且這樣的勢力在未來只會大、不會小；換句話說，如果這次補選讓陳水扁成功操作分裂而使民進黨敗選，將來的 2020，絕對會變本加厲，到時是民進黨要繼續被分裂，還是低頭妥協談未來特赦交換，都是失去理想，沒有主體的作為。

而再回頭看三重立委補選，與其他三個補選所不同之處，在於三重這席並非當選縣市長所遺出空缺，而是原本綠委貪污而被取消資格，然而截至目前為止，還是沒能從民進黨上下口中聽到一聲因為涉貪對於人民的歉意，一切雲淡風輕、好似船

過水無痕，當真一皮天下無難事？

當初提名貪污立委的是誰？當初為貪污立委站台的又是誰？如今又要勞師動眾的重新補選，所浪費的社會資源、所承諾選民最後卻貪污跳票的政客，難道民進黨都沒有一絲責任，可以切割乾淨，臉皮厚點，就繼續選舉下去？

還有選舉絕對不能靠勢、不能靠勢、不能靠勢。因為很重要所以說三遍！沒有誰是非投不可，如同韓國瑜市長所說，「民進黨不是高雄人的爸爸」，連2、30年來被民進黨長期把持的高雄都能夠變天翻轉，代表沒有誰是一定非投不可。民進黨籍候選人余天在選舉中出國公演，明顯就是比較靠勢，既然余大哥無法忘卻寄情於演藝歌唱的美好，那麼即便最後輸了選戰，相信也無法怪罪任何人，因為能讓民進黨只剩一口氣的，從來都不是別人，就是自己造成的苦果，只能自己心裡吞。

相信大多數人民是理性且並不在乎民進黨剩幾口氣，對國民黨態度也是如此，人民只願相信誰能讓他過好日子，以及誰才能為台灣爭一口氣。所以與其還是狂打悲情訴求就認為選票理所當然應該進來，這樣如意算盤未免低估台灣人民智慧，而任何政黨其實都能輸，也都曾輸，但就只有台灣不能輸，既然如此，三月十六日，請金門、彰化、三重、台南等四地要補選的選民，踴躍投下神聖的一票，用具體行動證明，追求好日子以及為台灣爭氣的決心。

為勝選延期？2020還有什麼不會發生？

果不其然，民進黨在上週三把總統初選的時程順延，延到何時？未定。522之後只是個說法，可能622、722、甚至822？無怪乎，有人戲稱，只需延到蔡英文民調贏過賴清德的那天，就能辦理初選。

實在話，看到這樣變化，一點也笑不出來。看到民進黨內部大亂，有支持者說讓他們越亂越好，但我不同意，畢竟每每在評論時我必稱可敬的對手時，內心總是希望，為台灣未來，兩黨是往好的方向比，而非比爛。

尤其這種爛，真的是離譜的爛、爛得離譜。無怪乎有位教授下了註解，這次進黨總統初選是，「賴清德耍蔡、蔡英文耍賴。」以蔡英文為主的黨中央保皇派們，為了拱主子出線，真的耍了一場大無賴。

更甚者在上週政論節目與民進黨副秘書長同台，面對「現在民調賴清德會贏；但如果拖長時間民調，結果賴清德輸，他會心甘情願的接受嗎？」的質疑，由他口中說出大意是「要經得起考驗，現在贏如果之後輸、代表不是真的領先，當然更不能讓他代表出征。」

我的老天，我不敢相信我的耳朵，這什麼神邏輯？

意思是本來說好跑 100 公尺短跑，到了接近終點的80公尺臨時宣布改跑 400 公尺，假使領先者最終因氣力放盡而沒能贏得比賽，主辦單位不只不用道歉，反過來還數落選手體力不夠好，所以拿不到金牌應該反省檢討。這就是民進黨保皇派的神邏輯？

一個名稱上有「民主」和「進步」的政黨，竟然輕描淡寫地就做出如此反民主又倒退的變更遊戲規則，打了你還不准你挨、最後沒贏是你民意基礎不足，過去聖賢是「萬方有罪、罪在朕躬」，現在的民進黨變成了「朕躬無罪、罪在萬方」。可不可怕？太可怕了。

可怕什麼？可怕的事做出這些行為的是現在中華民國的執政黨，是手握兩兆預算、國家公器的中央政府，如果為某人量身打造的遊戲規則變更如此容易，這在民進黨骨子裡的DNA，會不會在2020前又如法炮製，只為延續政權？

以前會說「不太可能發生」，經過這次延期，答案變成「還有什麼不可能發生？」

過去包括黨產會、促轉會，全都是政府單位，但磨刀霍霍只為消滅政敵而來，更以東廠自居，沾沾自喜；行政院長震怒之下，NCC 火速開罰中天電視台，一次不夠、來兩次，理由是特定人士新聞太多，特定人士講白了，就是可能威脅到民進黨連任之路的韓國瑜，什麼新聞自由、什麼媒體自律全拋在腦後，NCC 成了髒兮兮，過去這些被認為「不太可能不中立」的國家公器，全變成了「可能很有偏見」政治工具，令人毛骨悚然。

現在沸沸揚揚的中選會主委人事案，要由民進黨齡至少27年的李進勇來擔任，一位從 1992 年起就代表民進黨參選立委，一路到 2018 年底敗選的雲林縣長，突然間要來擔任必須、保證、絕對要公正客觀的選務工作單位主委，到底是李進勇政治錯亂，還是現在的執政黨口袋人才真如此貧瘠，非得要一位假裝沒有政治色彩的人出任？又或最不願見到的第三種可能，是不是李進勇還肩負著秘密任務，在明年一月十一號時隨時伺機而動？

如同辦選務的民進黨中央，可以因為蔡英文現在民調不如人，就延後選務；假設最後還是蔡英文代表民進黨出線，明年一月十一日前各方民調如果也不如人，辦理選務的中選會，有沒有那個萬分之一的可能性，技術性延後？拖延？或暫停選務？來添增各種選舉的可能性。

2004年的兩顆子彈，現任總統選前一天遭受槍擊，最後僅以三萬票差距贏得連任；去年投開票之亂，讓最後台北市長以3000多票結果些微差距。這些都是不該出現但現出的狀況，台灣禁不起再一次為了任何人的私心而動盪的局面，而民進黨內初選的延期，絕對是讓人更加擔心的因子。

蔡賴最終誰會勝出？在這次延期之後，狀況好像已經明朗，畢竟「一鼓作氣、再而衰、三而竭」，所以只能祝福賴清德。然而就此嚐到甜頭的蔡英文，會否在明年再次玩弄相同手法？畢竟「快怕狠、狠怕沒天良」，想要為了勝選延期，頂著被媒體嘲弄、全民嘲笑罵名也在所不惜，還有什麼做不出來呢？

蔡總統的第三年成績單，該這樣看？

520蔡英文就職三週年，已經預告會做三年的成績報告，但對比第一年的無公開談話，第二年的網路影片、政績羅列明細表，到第三年的正式對外宣告，看得出一年比一年強度更高，台語有句話「自己褒、才不會臭酸」意指臉皮厚點自賣自誇，總是也有效果；但放在人民是頭家、總統是公僕的現實上，成績單自己打，只怕是頭埋沙堆、不願面對。

如果把四年一任的總統任期比喻為大學學期，大一新鮮人初入校園，觸角既廣且樣樣新奇；大二開始聚焦專業領域，參加社團者也多擔任幹部；到了大三則罪屬關鍵，社團社長通常也都由大三生擔任；等到大四即將畢業，考國考、研究所或進入職場，為自己前途打拼也社會化。因此對於大學生涯，說大三是最具意義及事情最多一年，大概很少人會不同意。

正因如此，蔡政府的第三年施政成績單，格外受人注目。但上半年被九合一選舉掩蓋且最終反映民意，15縣市的挫敗有極大部分原因與中央執政失利有關；下半年則因進入連任初選而失焦，當總統上新聞版面話題都圍繞在黨內競爭時，又怎麼能大開大闔地施展手腳？困住自己、從來都只有自己。

民視新聞台 HD
該查就應該去查
特別規格標! 獲利近10億! 糧食局圖利特定廠商?
Formosa TV

凡事各個面向都因考量，執政黨有做好之處留待政府向人民解釋，端看是否有感，在野黨就是要說出不好聽話，並且理性監督。民主政治就是做得好繼續做、做不好下台，如此而已。因此，「衝拖砲蓋送」是我歸納五個蔡政府三週年施政令人印象深刻之事，恰好與防治燙傷「沖脫泡蓋送」五字真言音同，蔡總統想擺脫負面評價，不可不防。

「衝」，兩岸衝突近年來新高點。從一月二日習近平談話後，蔡總統彷彿從九合一敗選中找到條可行的道路，就是民氣可用地堅硬態度向對岸喊話，一夕之間「辣台妹」上身，姑且不論「辣台妹」這首歌本意貶低台灣女子意味濃厚，真不清楚蔡英文知道歌詞後是否還滿心歡喜地自稱？

但兩岸關係卻是近年來新低，衝突擴大，連自經區都變成反中的道具，說到大陸就開槍，兩岸衝突，就是自我設限，民粹主義。

「拖」，民進黨初選一拖再拖，會不會有三拖四拖還不確定，或是最後拖久成定局，直接沒收比賽也不一定。拖，讓國人看見了蔡英文口說不怕挑戰是假，想方設法緊握權力是真，越拖，越讓人無法尊重。

「炮」，炮打韓國瑜。藍營目前人氣指標韓國瑜，也可能是未來總統出線者之一，不但引來民進黨籍高雄市議員們輪番上陣，連蔡英文、賴清德、蘇貞昌等要角們也常因為韓國瑜一句話而重砲伺候，好似韓市長已經出線？又或已把他當成未來假想勁敵。

然而天天火力炮打高雄之餘，也別忘了當初民進黨南部執政時最愛動不動口喊「重視高雄、南北平衡。」現在手握大權是蔡英文總統，除了炮打韓國瑜之外，計畫經費提供，更為重要。

「蓋」，黨產會、促轉會、中選會，甚至連監察院最近都因為曲棍球案而妨礙司法獨立，如同蔡政府蓋世太保般做法，難道真認為國家就是我家？所以為所欲為從心所欲？別忘了過去在黨外時怎麼批評國民黨威權作為，三十多年解嚴過去了，卻換來更大規模惡劣的政敵追殺，德國納粹當時的蓋世太保是政府的鷹爪，現在別有目的的政府機關則是另種形式的蓋世太保護庇。

「送」，歷次民調顯示，在總統大選無論藍綠對決或是三足鼎立，蔡英文通常都敬陪末座，再不改變，代表人民也準備明年用選票跟蔡英文說慢走不送。當家方知持家難，如果不是過去在野時蔡英文的鬥爭太過激烈，執政後不會走下神壇如此快速，而民調不只參考、更是指標，如果無論藍綠機構所做都是如此，蔡總統應不應自罰薪水？或是閉關反省，可能更加能有幫助。

「衝脫炮蓋送」是筆者給蔡政府的三週年歸納，更是期盼蔡總統別只光想明年連任，三年成績單人人心中各有分數、也都能客觀歸納，不過請別忘了其實您的任期還有一年，好好做，一年能做事情很多；只想好好選？就別怪罪民眾嚴厲監督執政黨，莫忘世上苦人多，還有一年任期，就請莫忘初衷，為人民打拼。

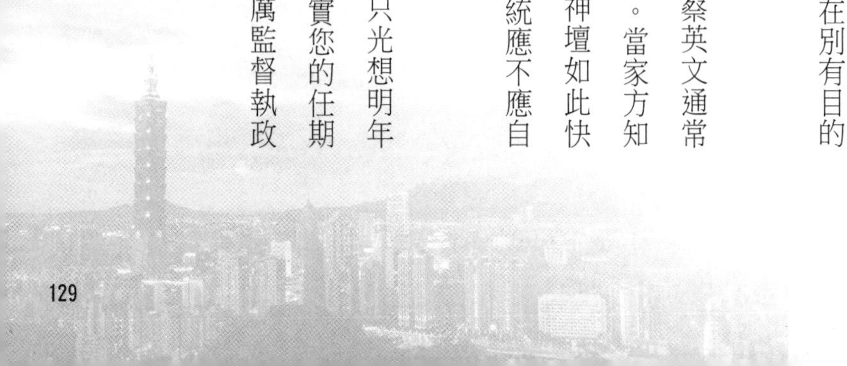

二 百年政黨新希望

放下錢沾

期待浴火重生的國民黨

再過一個禮拜的五月二十日，除了是蔡政府執政一週年以外，更是國民黨黨主席及黨代表選舉，本次選舉也受到各界關心。身為代表七年級世代的文傳會副主委的我，感謝媒體及社會大眾對於國民黨「恨鐵不成鋼」的心情，而這也確實是大多數國民黨基層黨員的心聲。

相信大家都能認同，要牽制蠻橫、鴨霸的執政黨，需要一個強而有力的在野黨！是以，針對近期近距離與基層黨員互動的觀察，向大眾說明。

首先，本次的黨主席之爭，六位候選人以經驗、論述、以及號昭力，讓社會大眾都能關心，而也因舉行數次公開的政見說明會或辯論會，相信不會再有人認為沒有論述或願景；相反的，更能讓有投票權的黨員來理性的選擇，「誰」才是能夠帶領國民黨現階段當個稱職的在野黨、進而在2018、2020提出最好人選，重新贏回台灣人民的信任和選票。

在政見會或辯論會上，火力當然對現在執政的蔡英文全開，因為過往一年台灣人民所感受的鬱悶，不正是這個髮夾彎不斷的政府所造成的?完全執政完全負責！在野黨就是點出問題、說明問題，並訴諸於民，「這人不行、請換黨試試」！

而關於兩岸論述、黨團溝通、乃至於未來財務的永續經營，這也幾乎都是政見會上的必考題。沒錯，六位候選人分別都提出不同的主張及訴求，但這也代表著我黨黨員可以好好思考什麼樣的路線值得用選票支持。

換言之，這次的黨主席選舉，就是我黨黨員的一次路線抉擇，而基於民主政治的利基，多數的民意當然會被認同。而之後何人勝出，就肩負著強化路線、深化論述的責任，讓多數的黨意、轉化成台灣人民可以接受的民意。

是以，選舉結束之後才正是黨主席使命的開始！競選期間所提出的政見支票，將由本屆45萬多餘有效黨員共同檢視，請放心，新任黨主席如果髮夾彎，我們一定本於監督蔡政府的嚴苛標準來批判！

另一方面，黨主席選舉期間所提出的2020總統人選議題，基本上是個假議題，但為何媒體、民眾會對一個在野黨三年後總統人選感興趣？追根究柢還是因為蔡英文執政令人失望！且不相信蔡總統再接下來三年任期內能有多好表現，與其緣木求魚盼望蔡英文突然覺悟、不然期待三年後一舉換人，而這正也是新任

黨魁不得不接起之球！

當然，國民黨不會也不能把將來重新執政的契機建立在民進黨的錯誤執政上，否則這是污辱了人民的智商。事實上，本次520除了黨主席選舉外、還有黨代表選舉，而這次無論是參選人數及參選年齡都有突破性改變，代表此刻國民黨雖在野、但卻將是最有機會創造最多年輕黨代表。

且新人輩出之時，將不再如同過往背景、資歷相近，而是各行各界、海納百川，這些絕對不是人頭黨員有可能形成。「國民黨此刻雖窮、但鬥志絕對高昂！」

最後，筆者不是天真的就認為國民黨的包袱、負面，一下子就扭轉改變，但如同電影黑暗騎士所說「黎明來臨之前的一刻最為黑暗」，持續向前、天終將明！而選舉過程如果沒有火花、會否又被外界認為是「官僚、黑箱、內定」？

怎麼都有話可以說的此刻，感謝所有關心國民黨的朋友，並請持續監督我們，因為，國民黨終將再起！

520後國民黨的新局

520國民黨主席選舉圓滿落幕，一輪過半地選出吳敦義新任主席，高達58.4%的投票率更表示，這是國民黨員上下一心的決定。

筆者於上週曾寫「期待浴火重生的國民黨」一文，即便政治意識形態不同者，也同意台灣社會需有「強而有力的在野黨」監督。是以一輪過半代表國民黨員的什麼期待？而針對這樣期待，未來國民黨要需要做對、做好什麼事呢？

本次選舉六位候選人投入，每一位都是一時之選，然畢竟主席只有一位，而如今吳敦義出線，代表吳是黨員認為最合適的人選。

首先，選舉過程是激情的、但選舉後如何化激情為激勵，洪秀柱主席展現出高度。520當晚的發言，有對黨國的不捨、對黨員支持的感謝、還有對新任主席的期許；選舉完畢，家人永遠是家人！

筆者曾言，這次黨主席選舉之後，何人出線、何人就肩負著強化路線、深化論述的責任，因為這是現階段多數黨意的表達，而要轉化成台灣人民可以接受的民意，勢必更需要有理、有節、有未來希望的勾勒！讓民眾可以想像，2020國民黨重新執政時，台灣社會會有什麼樣的改變，這是我們不可避免的課題。

而在兩岸關係上，選後當晚的中共總書記與新任主席往來賀電，也被外界放大解讀。但更重要的是在書信背後兩方領導者的信任，有互信、才有進一步交流的機會。而互信，是一直口喊「和平」、實際卻破壞「信用」的蔡英文至今仍學習不會的事。

國民黨往後的新局，絕對不僅是建立在民進黨執政的失敗；吳主席應就整合黨團35席立委，在接下來的臨時會期，針對民進黨所提出錯誤政策進行挑戰、杯葛。拿出對策、讓民眾更有信心！

訪問開始流傳「蔡媓不倒台、台灣沒未來」的順口遛。而吳敦義所領導的國民黨，更該做出與蔡英文空心施政的區隔，且讓在野黨結合民意所發揮更強監督力量，因為我們憂心台灣的競爭力退步、我們在乎台灣人民未來發展的出路！而國民黨家務事已經處理完畢，接下來，就是大家捲起袖子腳踏實地做事之時，而執政黨的表現，將徹底被檢驗著！

世代交替，國民黨刻不容緩的課題

因應 2020 年總統立委選舉，兩黨立委提名已逐步進行。然而，一個鐵錚錚的數字擺在眼前，國民黨與民進黨初選後而獲提名的區域立委，年齡數比為平均63歲對51歲，中間有著12歲的差距，換言之，國民黨與民進黨，相差一輪。

這樣的數據分析，背後的含義見仁見智，但有一點卻是不爭的事實，過去提到國民黨，總會讓人有老化、僵化的形象，雖然做了許多努力，但百年老店如何重新改頭換面、脫胎換骨，這才應該是當務之急，畢竟想要讓 2020 重新贏回民眾對於自身的信賴，絕對不是只靠執政者的錯誤、或傲慢；有改變、才能讓別人重新期待。

現在回頭看 2018 年九合一選舉，有人戲稱是「討厭民進黨」勝利，而非國民黨的成功。更甚者，電視評論裡更不客氣的公開批評，從 2016 年國民黨在野後，除了韓流席捲全台外，到底國民黨改變了什麼？

這樣說當然未免太過全盤否定，尤其筆者身為國民黨發言人，即時回應、創意發想、姿態柔軟、態度堅定，相信這些都是與過去不同之處。然而，還不夠、還能改變更多，民眾要的絕對不只這些，有沒有嶄新面孔、全新期待，這才是民眾真正想看見的希望。

現在對於政治人物的賞味期也越來越短，對新鮮感也越要求越高，從 2014 的白色力量、到 2018 年的韓流效應，甚至 2020 年國民黨內總統參與者眾，但目前媒體民調前兩名者都不是過去縱橫政壇的老手，而是讓民眾能耳目一新的新面孔，記得去年九合一有位議員的競選口號為「新，就敢不一樣。」無論是否為真，但新與舊的對比，鮮明且深刻。

且不可諱言，即便民進黨九合一元氣大傷，現在執政包袱仍尾大甩不掉，但其復元能力之強、修復能力之快，令人驚嘆。從立委初選的變動洗盤，更有宣告下個世代階段來臨的意味，與國民黨之間相差的十二歲之距，就是一個世代的落差，當台灣社會都極力高喊政治人物不了解民間生活，而每個人爭先恐後地「接地氣」同時，提名越貼近民眾的民意代表，難道不該是政黨的責任？

人人都說韓國瑜是國民黨內最接地氣，記得韓國瑜在參選黨主席之時，曾在黨內政見發表會舉過「買茶葉蛋」為例，他說「他，是六位黨主席候選人中，唯一一位會自己走到便利商店買茶葉蛋吃的人。」姑且不論屬實，但畫面馬上就在腦海呈現，在台灣每年要賣出 1875 萬顆的茶葉蛋，平均每天賣出 5.1 萬顆，照理講買茶葉蛋吃有何稀奇，所以當韓國瑜說出這樣的話，才更令人因象深刻。

如果一位民意代表或是領導者，完全與民眾的生活脫節，這樣的人能夠關心或是照顧全民的生活，有誰會信？一樣的道理，如果提名年紀過高而無法了解民眾面臨需求問題的民意代表，又怎麼能夠人同此心、心同此理的感同身受？

根據統計，目前台灣社會，年齡層在38歲以下，也就是所謂七年級之後，人口數佔全台灣人口的將近一半，換句話說，目前國民黨經由初選而提名的立法委員年齡佔63歲，意味著全代表著38歲以上的一半，而38歲以下的一半，幾乎無人能夠代表。

是以，當筆者現在正爭取著國民黨新北第一選區立委提名，與我對手是2016年落敗的老立委試圖捲土重來，我倆年齡差距25歲，這剛好是個指標性的選擇。當然，年齡絕對不是唯一，但當兩者能力及專業都旗鼓相當時，則指標性的客觀條件，當然就越顯重要。

還是那句老話，如國民黨在2020沒有針對過去2016年的重新在野深切反省，沒有提出與過去不同的主張論述，沒有面對當初民眾失望的不投票原因，而把一切都寄託在大家更討厭現在執政的民進黨，以為一樣的面孔不需做任何改變，認為2016年不被接受，2020年就能獲得多數認同，這樣不是癡人說夢、就是在汙辱選民的智慧。

其實民進黨也是如此，持續把頭埋沙堆裡不願正視九合一選舉人民對於執政的不滿，一味的只認為假新聞、真網軍的操作，不思任何改進或反省，那麼手握國安資源的政府都有這樣疑慮擔憂，那真正賣台又礙台的到底是誰？

綜規一句，黨內不願自我世代交替，那就讓支持群眾來做；如果支持群眾不願在初選來做，那就等待大選時被對手世代交替。眾人對於國民黨還有期待，就別輕易的讓這樣的期待落空；迎合民眾的需求、讓需要體力來地方服務的職務給年輕世代來打拚經營，年長後就是順利交接，沒有什麼是非誰不可，國民黨能夠輸、民進黨能夠輸，但就只有台灣不能輸，誰能讓民主政治更加健康，誰就是人民最後的贏家。

大聲說你支持誰，但別說「非誰不投」

真的焦慮，這種焦慮是從下而上的集體感，即便在國民黨 2016 年最谷底，印象中都沒有這種藍營基層滿滿的焦慮感。尤其連假期間在街頭拜票，不誇張，短短一個小時內，有超過十來位路過民眾靠近、輕聲、悄悄話的、面露憂心的跟我說，「xxx 快點出來」、「國民黨要團結、趕快整合 xxx 和 xxx。」這樣的聲音，越來越強。

我試著解讀，這是民眾對現況的不滿、對未來的不安，不知道現在的苦日子還要多久，而去年九合一讓藍營取得多數席次的縣市長，是民眾給執政黨的教訓，不是給國民黨內耗的本錢，任何看不清此點的人如果想藉此混水摸魚，只怕第一個該被淘汰。

到底誰會代表國民黨參選 2020 總統？青菜蘿蔔各有所好，每個人都會有自己支持的對象，這很好，大聲說出來！講大聲一點！過去藍軍就是「溫良恭儉讓」，「讓」，以為是謙虛有禮、實際上是讓出了執政、讓出了多數，基層民眾最氣憤就是當初給國會四分之三席次，結果當時的立委諸公們沒能把握，家大業大的國民黨，在九合一選舉

還需要讓賣菜郎一人救全黨，過去享受盡好處的立委諸公，沒人需要反省嗎？

所以要支持誰，就請公開講、大聲講、拚命講，聲音大到讓所有人都聽到，讓一點一滴的水珠匯集成河流、從河流再變成浪潮，讓世代翻轉的巨浪，把過去的舊習給沖淨，給台灣更健康的政治環境，也給中華民國一個重開機的希望。

然而，我呼籲大聲喊出支持誰，但有句話請絕對不說，不只約束自己不要說、還要告誡同樣支持的人不可說、不應說、不該說。因為說了，不會有助你心目中支持的對象出線；相反的，反而會害得其受傷，更加出師無名，傷害對手來墊高自己，從來就不是名正言順的支持方式，特別還是在黨內階段。

這句話就是「xxx 出線，我絕對不投。」

每當有任何一位支持者跟我說「xxx 出線，我絕對不投」或「xxx 出線，我要去支持別人」這種話，我絕對收起笑臉，認真嚴肅地請對方不要再散播這樣的言語，哪怕會因此得罪人，可能還把選票往外推。我自己除了身為新北選區立委參選人以外，還是黨發言人，當然應當要求團結，更需要同志間停止扯後腿、互拉扯，說穿了，過去都罵國民黨內鬥內行，不就是因為這樣的話語充斥蔓延，「只能我好、再來你好；我還沒好以前、絕對不能讓你好。」當同在一艘船上的乘客相互指責時，不用碰上冰山，這條船也注定擱淺。

過去兩年十個多月，如果你曾經不滿現任的執政黨施政，如果曾經覺得政府的政策不符合期待，如果你認為執政者所作為霸道橫行。那麼手中的選票就是民眾最佳的武器，在民主社會中，就是做得好繼續做、做不好換人做，用選票來肯定、來鼓勵、來監督、來要求，政治人物總是會說「民眾是他的頭家」，而頭家的手中一票，就是讓政府不該繼續傲慢的最佳利器。

過去因為各種理由而沒出來投票者，「非誰不投」的論點，就是把自己的未來交由給願意投票者來決定，既然棄權，那就別怪別人選出的政府你不滿意。而藍營支持者現在的處境，別天真的以為 2020 一定穩操勝算，團結都不一定能夠得勝、更何況是分裂，所謂「親者痛、仇者快」大概就是無法相互支持，才會讓漁翁坐享不勞而獲的暴利。

真愛台灣、或是真愛你所支持的對象，就請你大聲說出你支持他，幫他拉票、為他加油！但請別再說「非誰不投」。放棄投票，就是繳械投降、就是放棄選擇，更是讓現在混動未明的環節上，增加更多變數。每一位可能的參選者都是我們的寶；相互攻擊，就是選擇繼續在野、拒絕重返執政。但中華民國經得起再四年的停滯及內耗嗎？

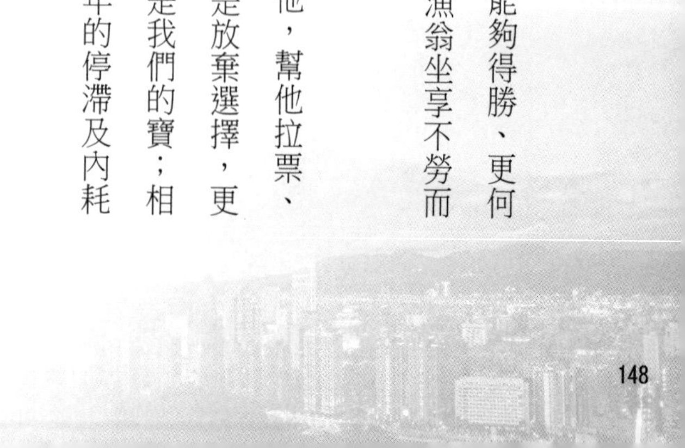

權力傲慢
還在騙

三 勇敢發聲真揭弊

一例一休不修正？蔡政府正面臨沈沒成本謬誤而不自知

在商業領域或心理學範疇中，有個廣為周知的人類行為稱為「沈沒成本謬誤」，其意指在現在某件事情時，考慮到已投入的時間、努力、名聲與金錢等資源，既使已經很明顯會失敗，仍然堅持不輕易放棄或改變。亦即「在經濟層面上所做決定，既使過程中發現無法回收，也會固守決定想藉此獲得心理上的補償。」而如今，蔡政府推行的一例一休政策，看起來正是明知走向失敗，卻仍持續邁向可預期的未來。

首先，一例一休政策於去年十月強渡關山時，當時民眾的抗議、在野的心聲也阻止不了蔡英文總統軍令狀祭出的決心，與國民黨執政時最大不同在於，國民黨有提出全盤的配套和考量，而非「頭痛醫頭腳痛醫腳」的單點突破。

今年一月政策上路後，部分店家調漲價格，民進黨政府卻只想息事寧人，從邀業者喝咖啡到送書面報告審查就好，從勞動部勞檢準備到半年後才正式實施，總總高高舉起輕輕放下之舉，更造成所謂的「三輸」，即「勞方不滿意、資方沒獲利、消費者面臨物價調整好無力。」

日前傳出有修正的可能性，勞動部長

林美珠也表示可檢討，然卻馬上召受行政院打臉。以心理學的角度而言，這就是典型的「沈沒成本謬誤」，誤以為自己的決定能有好的結果，總認為自己天縱英明、當選總統是來解救世人，所以所做決定後續回收效益一定很大，是以聽不見旁人提醒、或專家建議，只自顧自地相信自己。

再者，因為蔡總統認為這是自己的政見，（既使最後提出版本與選前承諾不同），所以特別有責任感。因為是自己的提案，所以堅持推動到底，

但這種做法並不是真正的責任感！如同已預見前方風暴來襲，掌舵的船長不聽預警執意向前，只為這是自己選擇的路線，帶領全船開往怒濤的深淵，我們能說這是有責任感的表現嗎？

「如果誤以為花時間硬撐就是負責任，只會讓損失日益增加。」這是心理學上對於沈沒成本謬誤的忠告。而換個角度想，其實生活週遭也有常見的例子，君不見近年來橫行的詐騙集團，都是利用人類心理此項弱點，開始先施以小惠騙點小錢，等上鉤後再不斷築夢、吸引投資，而受騙者往往因為初期已經投入成本，不想承認錯誤，是以不斷加碼投入，最終落得血本無歸的窘境。

是以，看到蔡政府一邊遭受批評、一邊勉強持續推動「一例一休」而不修正，加入政治上的算計就更加複雜，但必須提醒，沈沒成本是不可回收、而失去的民意及國家競爭力更是難以挽回的！

川習將會，台灣是否做好準備?!

據報導，中美兩國最高領導人將於四月初正式碰面，就二月才通過電話、三月開始著手安排會面，四月即刻見面而言，難免外界認為時間有些倉促，然而就整個國際情勢發展而言，中美兩個強國領導者碰面勢在必行，重點絕非何時、何地，關鍵在於談及的內容以及背後的成因。

首先，對於習近平主席而言，在今年十一月的十九全前，第一個五年任期成績單勢必備受注目，攸關乎是高票鼓掌通過連任？抑或面對反撲勢力大舉挑戰？反對習近平勢力者斷然沒有讓其再任五年的理由，是以將會在今年上半年度主挑習領導下的毛病，而對中國政局稍微了解即知，撇除內政問題，對外中共最重視的三個層面即「中美關係」、「香港治理」以及「台灣問題」。

中美關係上，川普再再下了幾步險棋，但就目前發展是成功的，譬如說「川蔡熱線」讓一中原則再次浮上檯面、「部署薩德飛彈」激起中國人民對於仇韓的民怨，更重要的是激起外商於中國投資的政治風險再評估，據了解過往十年已有不少日本企業撤資離陸，如果反韓風潮不減，難保外商們不會擔憂「下一個」會是誰？

而這樣的骨牌效應，將是習近平需要正視且面對的。對內需附和民氣、但對外卻又要快速解決爭端；因而可以說「部署薩德飛彈」是促成習川會面的關鍵因素。

而香港治理及台灣問題也將是習近平備受檢視的兩個核心問題，反習勢力更是不可能放過此一時機，激化、煽動有心人士破壞和諧，在本月即將登場的香港特首選舉將馬上面臨到嚴格考驗。

另一方面，相信台灣人民更加關心的是，到底習川會談會否觸及「一中議題」？或是對於台灣未來會有任何影響？其實在看此問題，還是要認清，川普被外界認為是商人總統，而商人性格是在有獲利機會前提下可以調整政治上的方向；反觀，習近平總書記的角度則以政治上原則為主、讓利與否都可討論。是以兩位東西方大國領袖會面，極有可能是一拍即合的狀態，如果真是如此，則美國總統大選選前押錯寶的蔡英文政府將面臨更嚴峻考驗。

是以，國際情勢變化瞬息，當時及敬告蔡政府絕對不能把雞蛋放在同一個籃子上，並且選前所謂「維持現狀」，也當就現實層面上為台灣人民爭取最大福利，如今兩岸關係冰凍，絕對不是任何願意和平發展的人士所樂見的情況。

最後，務必善意蔡政府，台灣現在最好的角度就是以「不變應萬變」，在此川習兩位主角碰面之時，應當約束綠營激進或獨派人士，萬不可胡亂發言來「龍套當主角」，尤其是近期聽聞有心人士將激化「港獨」、「台獨」，進而合流，這種吃毒當吃補的概念，太平之時尚可當作小打小鬧，但不明究理的隨波起舞，反而才會傷害到真正台灣兩千三百萬人的權益，不可不慎呀！

新課綱去中化，難道曾有「自願的」慰安婦？

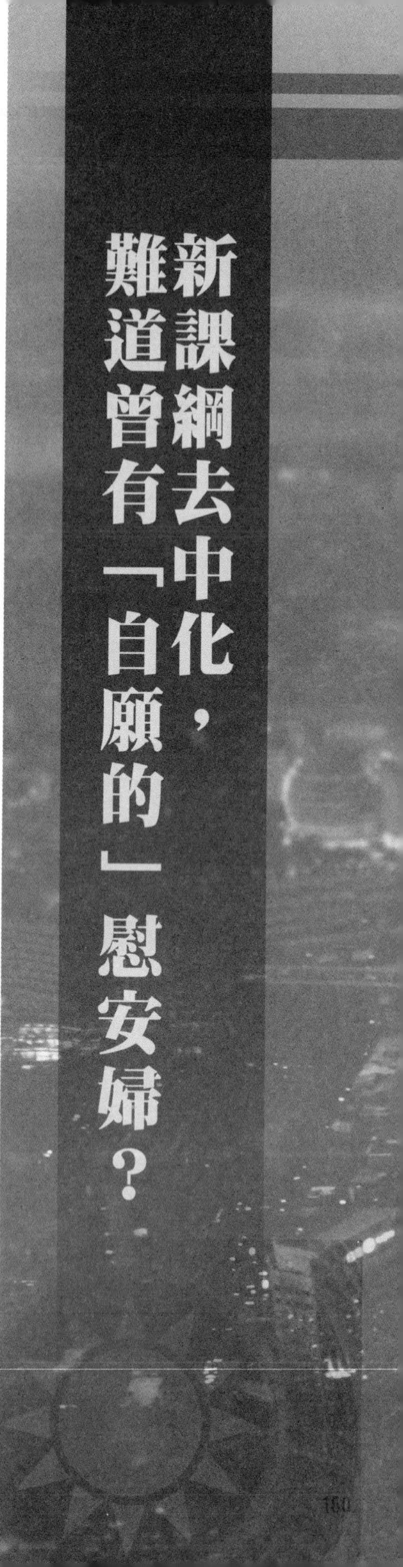

日前媒體報導高中學子的新課綱將大幅去中化，其中與以往最大改變，即由朝代編年史改放東亞史，教育部宣稱是避免政治爭議，但此舉，更加作實此地無銀三百兩之嫌；而如此調整到底是能讓學子們更加了解史實，還是被特定意識以偏概全，值得吾輩深思。

首先，放眼各頂尖大學針對歷史專門科系所做研究，無一基礎不是由年代、朝代、依序推進而形塑，先有經緯、才得以衍生出旁枝；如同被廣泛運用討論的魚骨圖研究法般，必定有其中心脈絡，而後得以依序討論。但如今朝代史改成主題方式呈現，則不免讓學生錯亂因果關係錯亂。又或商鞅變法、王安石變法、戊戌變法都為「變法」，難道就可當作三胞胎兄弟共同討論？

再者，新課綱強調著重於近代台灣五百年脈絡，但與中國大陸之關聯就要被當作東亞史看待？又如何解釋每年三大節日春節、端午、中秋的放假原由，原來我們是在慶祝外國人的歷史？而到處可見信奉的媽祖、關公、土地公，其由來是過往五百年台灣所形成？當高中考生拿著准考證前往文

昌帝君前祈求金榜題名，難道不會困惑為何命運要寄托在外來的神祉上？

是以，如果用新課綱調整來包裝去中國化的糖衣毒藥，無形中只是讓特定的台獨意識在荼毒我們下一代，在民進黨各縣市首長都高喊「親中、知中、友中」的今天，又怎麼能自圓其說這樣的行為？而過去被質疑所謂的黑箱課綱，現在如此大幅度的路線修正，難道不也是另一種伸手不見五指的黑箱作業？

歷史上最被詬病的執政者行為就是「焚書坑儒」，焚書焚的是當時學術思想互相激盪衝突，而執政者所不想聽到的言論；坑儒坑的也不在儒生或坑殺，而是讓使天下人都不敢繼續批評時政。對照目前新課綱的逐步成形，難道真的絕對的權力使人絕對的腐化？所以百年樹人的教育單位也只能投其執政者所好，讓往後高中學生無法窺看歷史的全貌。

且過去馬政府時期曾微調包括「日本統治時期」改稱「日本殖民統治期」、慰安婦前面加上「被強迫」等，都被時任綠營立委、部分學者等口誅筆伐，但此等微調有何不妥？慰安婦絕對是人類歷史上最黑暗的一頁。學習歷史不只是了解真相，更有的慰安婦？胡亂在傷口灑鹽、一味不正視歷史真相，難怪即便此時此刻，全球都譴責日本挑起戰端、破壞和平；日本政府即便承認了二戰侵略史實，仍不願對當時被迫害的慰安婦女正式道歉！這才是吾輩應該爭取堅持的，不是嗎？

「觀今宜鑒古、無古不成今」，自1776年成立的美國，前兩日剛歡慶其獨立紀念日，而美國人從不遮掩、忽視其與英國的關係。即將到來的七七抗戰紀念日，今年適逢八十週年，如果連這血淚交織的史實也不被當今政府正視，那又怎能大談我國存在的獨立性與法理性？是以，別拿特定政治意識，來掩蓋歷史真實，更呼籲全國歷史學者，共同為此命題發出正確聲音。

當民進黨執政下，台灣只剩「阿Q勝利法」？

上週台灣社會突然討論起時區變化、賴清德院長還煞有其事於國會回應「慎重考慮」，原由是從＋8時區調整至＋9時區，且提案主張「象徵性的脫離中國(GMT+８)的從屬」，這種只求阿Q式的精神勝利、卻無視世界各國劃分時區的一致標準，更別說更改時區需付出的龐大社會成本，除了鬧劇一場，也反映在民進黨執政下，難道台灣越來越走不出國際，只能井內稱王、管裡見天？

首先，世界時區劃分源自於19世紀，當時交通日漸發達，各國因為地球自轉造成日晝不同，是以聚集美國華盛頓召開國際性時間會議中決議，全世界按統一標準劃分時區，實行分區計時。而其依據即是經緯度分區，共分出24個時區。

台灣經緯度與北京、上海相同，客觀事實上就是地理位置相近、屬同一經度區，與治權並無關聯。否則日本韓國時區相同，難道同屬一國？歐洲法國瑞士比利時等皆同時區，難道互相有從屬關係？時至今日，台灣與世界各國相互往來、互通有無，更應該尊重世界依循規定，異想天開破壞規則，除非台灣想置身於國際之外？

再者，所謂「象徵性脫離中國從屬」。難道在某些人心目中，台灣目前是屬於中國政府附屬或管轄？就目前中華民國憲法下，台澎金馬屬自由地區，從1990年後國會全面改選，民意代表由人民決定；到1996年全民直選總統，更是具體表現出中華民國主權獨立的一面。毫無異議的現況，為何要自卑到更改時區來「證明」我國的存在？

而為了所謂的意識形態「象徵性」與中國大陸分脫時區所需付出的代價有多大？金融體系、運輸系統、飛航公司、資訊設備等，尤其是現在社會幾乎全依賴網際網路設備連線，更是牽一髮而動全身。還記得十多年前邁入21世紀全球所面臨的「千禧蟲」危機？當時全球政府花費人力、經費無數得以度過，現在十多年過去，對於電子資訊設備依賴增加何止數倍，為了一個「象徵性」而要花的成本又該誰來買單？

過去民進黨政府執政一年五個多月讓兩岸關係凍結、互動降至冰點，這才是現在兩岸人民面臨到最可悲的情況。選前為了選票所說的「維持現狀」、選後卻變成「互不相向」。而雙方互動除了主動發球、還需回傳接球，「已讀不回」當然是下下之策，但蔡英文總統一昧的跳針應答，實在也看不出有心想做交流的任何突破。

說到底，馬政府過往八年採取「九二共識、一中各表」策略，就是務實地擱置爭議的最佳體現。因為唯有雙方在有互信、有默契、有願景的訴求下，才有可能維持持續有來往的狀況。我們當然也可以在蔡政府的執政下鎖國四年、互不往來。但是以目前世界各國相互流通一天比過往五千年人類歷史相加還多的速度看來，台灣到底有多少本錢可以置身事外、冷眼旁觀國際的互動呢？

阿Q的邏輯，在於無知與自卑。因為無知，所以關起門來「自己想自己對」；因為自卑，所以看不見他人的優勢，即便看見也假裝不見。兩岸交流應該建立在平等穩健互惠上，不需過於傾斜、也不必過於恐懼，拿出台灣人的自信和勇氣，張開雙手邁開大步交流，而那種自爽式的勝利法，也就別再拿出來令人發笑了。

當蔡英文連勞工都可以背叛之時…

一年半前，蔡英文總統候選人聲勢如日中天，各家電視台皆已不是在討論何組候選人當選、而是討論蔡陳配會贏幾十萬票時？蔡英文臉上的笑意其實是藏不住的！尤其放眼八年前接下慘敗的民進黨黨部時，誰又能料想當初認為二十年翻不了身，如今2016即刻要上任，在當時國民黨要倒的氛圍之下，有誰想過，有一天勞工朋友要出來抗議蔡英文政府？

事實是：蔡英文上任不到一年半時間，這已經不知道是第幾次人民被迫走上街頭怒吼了！

時間再倒回一年半，2016年的一月四日，距離投票前一週多，當時蔡英文與勞團碰面，蔡英文面對鏡頭公開保證上任後要給勞工「實質週休二日」，當時受勞團朋友肯定的競選支票，如今變成上任後永不兌現的芭樂票；而為了護航一例一休，民進黨立委諸公也宣示「一例一休」就是蔡英文保證的「實質週休二日」。姑且不論兩者含意相差甚遠，現在再重修勞基法，就已經是自己打臉的最高境界。

而現實是：當初對勞團許承諾的蔡英文，截至目前，仍未對一例一休再修法發表任何言論。

當在位者可以因為怕負責任，所以選擇神隱；當執政者可以漠視競選時承諾跳票，為了迎合資方，而背叛長期支持的群眾。請問，還有什麼事情做不出來？

長期以來，勞工比較被視為是民進黨支持者，而民進黨也樂於以維護勞工權益自居，把政敵抹成黑心無良的企業主，自己則是公平正義的小勞工化身，過去這種二分手法政治獲利太痛快，一路讓民進黨過關斬將，也讓台灣第三次政黨輪替。

然而，檢視一個政治人物最好的方式就是「時間」，檢視政治人物的誠信最好的階段就是「在野和執政」是否一致。蔡英文上任一年半期施政滿意度及人民信賴度遽降的原因，很大部分就來自於其言行不一致。「口惠而不實」不就更加證明當初選舉期間所言所語都是騙選票的伎倆嗎？

而現在最讓人頭皮發麻的就是，蔡英文政府為了要推動屬意的法案過關，可以不怕吃相難看、可以不管約定俗成、可以不顧仁義道德，只要想過的「通過就好」。從不當黨產條例、前瞻計畫、到現在一例一休再修正案，哪個法案不是如此？即便違憲也硬要執行，而一例一休再修正案更是未達 105 年度強調開放政府而訂下的「公告60天」標準，僅用短短七天公告及通過院會。這更是蠻橫！民進黨上任後，當初的透明開放，如今全變成了笑話。

我們只要試想一個狀況，如果這發生在國民黨執政時期，行政院難道不會被覺

醒青年、勞工給佔據嗎？怎麼現在蔡英文背後下指導棋的同時，台灣社會卻冷靜無息，這是對蔡英文的「哀莫大於心死」、還是髮夾彎久了，再彎也不覺得希罕？

「勞工是心裡最軟的一塊」蔡英文曾於去年十一月受訪說過的話，看起來勞工不只在蔡總統心裡很軟、看在她的眼裡更軟，所以軟的可以予取予求、任其宰割。如果現在蔡英文政府連勞工都可以背叛，還有什麼做不出來？而那會不會哪天當我們起床，連台灣也被蔡英文出賣？

別說不可能，尤其是民進黨的支持者們。思考反駁之前，你們該做的是去祈求被背叛勞工的原諒吧！

去你的轉型「不」正義

上週通過所謂促進轉型正義法案，透過媒體報導看見高金素梅立委當著文化部長鄭麗君面大罵「去你的轉型正義」，又見陳學聖委員質詢鄭部長問及先總統蔣中正對台有功之處，只見鄭部長左閃右躲，就是不願正面回應一句，還大談並非要「功過並陳」。難道在民進黨人心目中歷史只該有「過」？還是「功」只能是對民進黨的「功」？如此矛盾的心態，還能奢談什麼正義？

目前民進黨政府所推動所謂的正義，只是華麗辭藻下用來掩飾指責他人的工具。過去歷史最令人詬病的不也就是當改朝換代之時，征服者要求史學家對其歌功頌德。

所以趙匡胤的擁兵自重變成了黃袍加身、朱元璋的大字不識變成了從小神蹟不斷，這些都只是眾多事實中的少數。然美化自己的執政是一回事、醜化他人以打擊政敵則是另一回事，以為口喊正義，就真的在行正義之事了嗎？

口口聲聲的轉型正義，但正義就是公平正直；選擇性的正義、扭曲的正義、偏頗的正義，不是正義！

之前曾接待過歐盟議會團員來台訪問，其中幾位德國籍三十多歲年輕世代議員，當中特別詢問他們有關德國對於轉型正義的看法，訝異的是透過翻譯接連翻譯幾次，卻見他們滿臉

狐疑、又再三確認，原來對他們來說，並沒有特定所謂「轉型正義」，而是公正客觀的陳述歷史、面對歷史、並且永遠不要再犯同樣的錯。問他們有拿哪個罪人來口誅筆伐？譬如希特勒？他們只是笑笑，「我們追求的是真相、不是仇恨。」（We pursue the truth, not hatred.）

所以，能夠正視歷史真相的民族，其昂首邁進的步伐不會慢；而僅是內鬥清算的政府，又怎能奢言帶領人民向前走？

再說，用華麗詞藻包裝醜陋行為，又有幾多經的起考驗？當初高喊「我是人我反核」，把一干講求科學證據實事求是的專家打成非人哉，結果核電廠機組重啟運轉不說，反而換來犧牲空氣品質的「肺咳家園」。說僅一分鐘通過服貿條例叫做黑箱作業，所以公民不服從地佔領立院來個抗議黑箱！現在卻從一例一休、前瞻計畫等人數優勢強渡關山屢試不爽。總總他人做時叫「黑箱」、自己做時就是民主政治，天下哪有這種道理？

最後，有傳聞說所謂的轉型正義就是在2018選舉年時拿中正紀念堂開刀，包括更名、關閉、甚至拆除蔣公銅像、大動作清理等，以滿足深綠支持者的期待、激起社會對立後轉移施政無能焦點。這套戲碼在2007年陳水扁貪汙弊案爆發後就已上演過一次，十年後的蔡英文，難道還要師法前朝？而別以為台灣社會中族群、省籍議題真的是某些人的政治提款機，粗糙的操作手法，只會赤字負債、也只會無效交易罷了。

是否真會出此奧步，全民睜大眼睛仔細看！

誰是水？誰是魚？
蔡英文政府帶給台灣過勞三部曲

一月十日，這是個值得全民記得的一天。今天起，民主的倒退、勞權的挫敗，眼睜睜的看著邊睡邊護航的執政黨立委強行通過勞基法修正案，讓雇主可以名正言順的使用民進黨修正的法律要求勞工加班、勞動；聽不見廣大民眾聲音的政府，因為裝睡的人真的叫不醒。

勞基法修正過後，被執政黨形容是「魚幫水、水幫魚」，但全民更想問的是，在執政黨心目中，誰是水？誰是魚？這場修正的鬧劇中，只看到執政黨不斷大開資方護航大門，勞動部設定許多條件不是站在保護勞方角度，倒是多為資方方便要求加班著想。而且還要美其名說「這是給勞工加班的機會」。打了勞工一巴掌、還要勞工說感謝？原來整場鬧劇，是政府與資方的魚水之歡，勞工？還是蔡英文心中最軟的那塊，是「最軟土深掘的那一塊」。

況且，過去的一年多，社會紛擾、勞資爭議，以及關心到全民社會的物價調升，這些都是一例一休造成的後遺症。即便今日強行再修正了，飆漲的物價難道就會回來？造成的結果還是過勞的全民買單。在這場勞資爭議之中，將沒有人是贏家。

也許今日過後，被拒馬層層封閉的立法院將重建天明、而連日淋雨的員警及勞團也鳴鼓休兵休息。表面爭議告一段落，但這樣的平和是建立在壓榨勞工換來。而真能告一段落？勞工的過勞噩夢才剛要開始，對抗不公義的抗爭也不會停止。蔡英文總統，這一役，又一次確定你站在人民的對立面，願你往後都能睡得安穩，因為如影隨形的抗議將不會停止。

台大校長不能就任，就是台灣民主的挫敗。

標題會危言聳聽嗎？也許。但卻是事實！容我說明，如果二月一日管中閔沒有辦法順利接任台大校長，台灣民主法治將在民進黨之手中毀於一旦！

為什麼？因為現在民進黨以三分之二國會多數提案，要求教育部暫緩發給已經經過選舉過程順利產生的台大準校長管中閔證書。而目前是總預算審查階段，換言之，就是挾著對於預算的控制權，而來威脅要求教育部。如果這招可行，那不就天下大亂了？

連公開公正的台大校長選舉結果都能夠阻擋上任，對民進黨來說，還有什麼阻擋不了？

所以，有沒有可能，年底台北市長選戰國民黨贏了，民進黨卻提案要中選會暫緩發給當選證書？只因為爭議尚未釐清。或是會不會發生，議會互選產生出議長，民進黨卻在國會提案，要求內政部不得監交，只因人選與民進黨的顏色不同。如果本次台大校長案可以這樣搞，那麼往後每一次選舉，只要不如民進黨意，也都可以如法炮製，這樣，還能有所謂我們所自豪的民主嗎？

台大校長遴選是經過公開受理、詳細審查資格，並且讓九位候選人各抒己見、大談理念，最後由遴選委員投票選出，過程透明嚴謹。因為這是國內學術最高殿堂，謹慎自然不在話下。而民進黨較屬意的人選也在其中候選，既然參與了選戰，最後卻對結果願賭不服輸，難道要像蔡英文過去對待司法改革會議一樣，重投一次直到選出想要的結果，才能算數？

且再退一步言，今日質疑準校長管中閔資格不符，不外他身為台灣大哥大獨立董事及論文事件，如今論文事件已被釐清是烏龍爆料，且爆料者之一的綠委張廖萬堅還被起底出其論文才有抄襲之嫌疑，真是「刮別人鬍子前，真的該把自己給刮乾淨」。而獨立董事更是台大早已知情、且去年六月還公告周知，所以從來沒有隱瞞事實，「爺們，行事作風向來光明正大。」

既然如此，質疑管中閔資格不符的事實全不存在，教育部難道還有任何理由不

聘任經過大學自主選出之人選？如果今日能放任政治力介入校園、明天就能介入媒體，再來介入大小選舉，最後就是獨裁政府。今日的姑息、就是明日的悲劇。

所以，任何信仰民主價值的自然人，無論您的黨派立場為何，在台大校長就任的這件事上，責無旁貸地都應該挺身而出。二次大戰前，英法對於德國採取了姑息主義，後來養成了橫掃歐陸的邪惡納粹；2018年的一月，如果姑息了破壞大學自主的政治黑手，將來的某一天，我們將只能在鐵幕下懷念曾有過的民主。

任何選舉，國民黨可能會輸、民進黨可能會輸、任何參選人都可能會輸，但台灣的民主不能輸！

地方政府與中央政府的角色錯置與荒謬

過去一週，接連幾件跟兩岸關係息息相關大事發生，除了對目前已經僵至冰點的兩岸關係更加雪上加霜外，更令人看見，中央政府與地方政府權責分工上的錯置與荒謬，尤其目前中央地方皆由民進黨占其多數的情況下，對於任何傷害全台兩千三百萬人福祉之事絕對難辭其咎，說到底，政治算計還是不能凌駕全民福利。

首先，透過合法管道申請的「中國新聲音」演唱會被有特定政治意識人士鬧場而被迫中止。無論「中國新聲音」是大陸歌手唱台灣歌、台灣歌手唱大陸歌，即便是

高唱大陸國歌升五星旗吧，只要合法申請，誰有權利鬧場？所謂的民主不正是「我也許不認同你說的話，但我誓死捍衛你說話的權利」嗎？結果透過新聞畫面，我們看到手持台灣綠旗的民眾衝上舞台佔領，大灑冥紙、大鳴喇叭，何時台灣的民主變成了台獨的專制？

而直到今日，中央執政的蔡英文政府和台北市政府在此事上，仍相互推諉責任，其實從世大運期間即可看出雙方透過媒體相互攻擊，一方說柯癱坐四十分鐘手足無措、一方說國安體制封閉通訊無法指揮；更甭提拉掉陳建仁的致詞以成就柯文哲的兩岸一家親出線。追根究底，這不都是源自因 2018 年台北市長選戰以及 2020 年蔡英文總統連任之路是否順利，這些私利的出發，卻把應該細膩操作的兩岸關係給踐踏腳下。

再者，獨派色彩鮮明的賴清德上任行政院長後首次國會備詢，兩岸關係絕對是必考題，當賴院長在國會大談台灣已經獨立之時，是否代表蔡英文總統對兩岸議題的公開定調？還是僅在試探對岸底線，難道我國總統府、行政院一起演黑白臉、大玩「好警察壞警察」遊戲嗎？而如果以為在兩岸議題上能因此有所突破，就不僅是小看中國大陸，更有可能把台灣推向危險、及被邊緣的可能！

這種只為了滿足特定族群的意識形態，而犧牲台灣人民利益，賴院長是否忘了自己已非地方政府的賴市長？

地方政府與地方自治是任何報考國考的基本科目，全國公務人員應可倒背如流，但眼看近期在我國重要議題的表達上，該是中央層級處理的議題做的粗糙難堪，而該是地方政府負起責任之處卻推拖諉過，當我國中央地方因政治利益而相互抗衡或角色錯亂之時，國家的長治久安，難道只能求神拜佛？也無怪乎最近 seafood 當道，眾人只能大嘆感恩、讚嘆，徒呼負負了！

完全執政，不等於可以蠻橫專制

從一例一休再修法、農田水利會官派，到史上最爛監委的人事同意權，掌握國會絕對多數的民進黨，在立法院裡可以說是暴力橫掃、為所欲為，而且為達目的不擇手段，不但利用多數暴力強行表決，還利用立法院長職權，公然違反立法院議事規則，自創「一事不二議」來護航前瞻特別預算，好讓民進黨可以為選舉綁樁撒錢，透支台灣下一代的未來。

也許有人會以陳水扁的名言「我就是選贏了，不然你要怎樣」，「選民既然讓我掌握國會多數，就是要讓我做想做的事！」這種論點實在是缺乏民主素養的狂妄之言，民主政治的基本原則就是「尊重少數，服從多數」，而且立法過程中，不但要強調實質正義，更要講究程序正義，絕對不是「只要我喜歡，沒什麼不可以」。

以第七屆立法委員為例，當時中國國民黨有81席（含5席親民黨用國民黨名義提名參選之席次），無黨團結聯盟5席，泛藍陣營的86席已經超過國會四分之三，而民進黨卻僅有27席，距離連署釋憲的三分之一門檻都還有很大差距。而當時的國民黨，從秘書長吳敦義立委以降，包括政策會執行長曾永權立委和幾屆書記長，都相當尊重少數黨聲音，甚至民進黨籍立委連署人數不足，都還會表達善意允許黨籍立委參與連署成案，絕對沒有任何違反議事規則強行表決的情況發生，這種尊重少數、服從多數的作為，才是民主政治的典範。

民進黨號稱民主進步，但卻處處違反民主原則，事事橫柴入灶，嚴重違背他們黨名的意旨。號稱最會溝通，卻對民意充耳不聞；過去罵政府擺拒馬，現在執政卻把拒馬、蛇籠加高加大，有時還加上刀片，種種惡劣行徑，無不激起人民最大的惡感。

好在民主政治還有一個「到期改選」的機制，只要民進黨繼續無視台灣人民的聲音，繼續無理霸凌少數黨，就一定會被台灣人民唾棄，從而成為台灣歷史的灰燼。

深澳電廠環差通過，蔡政府真的錯了！

深澳電廠於上上週五環差案通過，直至今日仍有不少民眾對其中爭議不甚了解，甚至有看到把深澳電廠誤植在宜蘭，連媒體報導都不確定之處，更何況是一般民眾，再者有八成北海岸鄉親反對興建燃煤電廠。種種為何引發如此大爭議？關鍵在於蔡政府換位置就換腦袋，唏哩呼嚕想矇騙過關，就是原因！

一個電廠，無論是核能、綠能、還是傳統的燃煤燃氣，基本上一般普羅大眾都沒有足夠的專業知識能判斷對於環境的破壞或永續，你、我、媒體、官員，都無權決定蓋或不蓋。因為這牽扯到整體的專業，絕無官大學問大的發言空間。所以任何開發案才需要各部會專家組成的審議委員會，在各自的立場上捍衛把關。

理想的狀態是，經濟部以能源分配、供電無虞、經濟發展角度來計畫，而環保署則以環境永續、禁止污染的角度嚴審，各司其職、爭鋒相對，在這過程中互相不妥協，你有堅持、我有壓力，但是都必須對得起自己的良心的態度為自己說出的話負責，最後、真無共識？則由總統或行政院長等上位者負起政治責任，拍板定案。過去核四如此，江宜樺院長於 2014 年宣布封存，無論此決定對錯，能一肩扛起負起責任，就對得起政治良心。

然而，本次深澳電廠環差案詭異之處就在於明明出席委員共17位，最終投票呈現 8:8 的贊同反對平手局面，意即有半數委員對於該電廠環境影響有非常大的質疑，在環境保護立場就更應該謹慎地再評估，不用倉促通過，以避免錯誤資訊造成環境永久的破壞。但擔任主席的環保署副署長卻投下贊同票通過，環保署瞬間變成環害署，這不是自打嘴巴嗎？

為何要趕著通過？是上位者施壓？還是有任何利益空間？這是民眾不解的質疑！

筆者過往擔任文化局長期間，文資審查也是如此，身為主持文資會議的主席，充分尊重出席委員的發言是必要的，而最常通過決議是「修正後通過」或「修正後再審」；如果出席委員在某案件尚無法達成共識，那請規劃單位針對本次會議委員質疑之處再做修正，即刻安排下次開會時間，最遲不過兩個月，所以完全不會拖延整體進度。但能用這兩個月的時間請規劃單位在做詳實計畫，這是對於文化資產保存的重視和不草率。

因為東西一被破壞就可能永久消失，文化資產如此、環境保護也是如此。

今日民進黨政府最大問題在於上位者已經有既定想法要推動，先姑且不論其在野時無一不反，現在執政什麼都要。但應當把關扮黑臉的單位也被迫要順從，過去的勞基法修正案，看勞動部自我貶抑如同資動部；如今看環保署應當守護環保變成投下破壞生態的重要決定一票，環保鬥士變成環境殺手，民眾又怎能相信這個政府能為人民的權利把關呢？

最後，事發至今，除了環保署、經濟部透過媒體互相一嘴毛的指控，賴清德出面說了與民眾認知落差極大的「乾淨煤」，發言人要大家 google 以外，沒看見任何願意負起政治責任的肩膀出現。沒有肩膀的政府、沒有責任的良知，只有眷戀官位、貪守位置的嘴臉；「文官不愛財、武官不惜死」岳飛將軍看著南宋偏安走向滅亡的擔憂，如今對照現在的民進黨政府，台灣還有多少光陰可以被消磨？

這件環差案評估，蔡政府您真的錯了！而後代子孫的健康代價責任，誰賠得起呢？

拿掉中華民國，才是真正出賣台灣

先說結論，今年國慶晚會及典禮，少了國旗、少了中華民國，多了些不知所云的紅白藍「綠」相兼的圖騰，這就是出賣台灣。

是準備向敵人投降的前兆？還是自我矮化從國家變地區？否則怎會放著 106 個年頭的正式國旗國號不用，為了加入綠色，循遍古往今來，把台灣早期傳統購物「茄芷袋」拿出來改編，真是夠了！問問現在年輕人，有多少人用過此物？

這是個很荒謬的事，台灣經歷三次政黨輪替，中華民國主權獨立性早已是不爭事實，而民進黨之所以被稱為現今執政黨，全國上下數千官職或派任、或指定、或默契，皆其掌握，靠的不也正是中華民國憲法框架下賦予權力，換句話說，否定中華民國，其實正否定的是其執政正當性。

說到此，你以為我反對國慶設計？錯！相反的，我是讚賞這樣的創意！從今年九月公告國慶雙十主視覺為編織感設計時，跳脫以為的大金、大紅，我並非科班，但仍有些美學常識，看到今年的設計，猶如看慣了爆炸場面大成本的電影，突然來部溫馨小品也不壞。但我厭惡的是，把設計當成主體、去頭去尾的去中華民國，簡直莫名、更是以政治意識型態來消費設計者巧思！

一個設計再好的作品，不可能喧賓奪主變成主角，如同一張喜帖不能沒有新人名、一場生日派對邀請函上壽星名字不見，那到底準時與會的賓客是要祝張三、李四、還是王五大壽？邏輯上根本不通，放在國慶大典上更加脫序。

又說，有部分外館的國慶邀請函上也無國旗國號，外長特別於國會再三強調「我國外交環境困難、受對岸打壓。」講白了，就是在世界上活動，不只看我國與他國情誼深淺，還得考量中國大陸臉色，但外交真的寸步難行也僅是這一年多的事，說到底沒能維持現狀就已經承諾跳票。

既然跳票，那就代表當初對選民的「山盟海誓」，如今已變成「昨晚抱歉」。而既然外館突破不了，不正應該在國內大鳴大放？在別人家看人臉色被管制甚嚴，在自己家愛怎麼放大陸方總管不著了吧。結果國內國慶活動把國旗國號搞的猶抱琵琶半遮面般欲拒還迎，讓國人越是丈二摸不著頭緒，何時有那麼見不得人的國慶大典？

花了公帑近 1500 萬的國慶晚會就更是令人無言。從邀請函、廣告、標示、內容等只有「2017 一起更好全民狂歡夜」的字樣，明明標案名稱 106 年中華民國慶祝國慶晚會卻應聲消失，在主辦單位口喊不要泛政治化的挑惕時，其實泛政治化的不正是執政的民進黨嗎？去除中華民國、才要民眾不要過度聯想，就像穿著新衣的國王走在大街上、卻一直好奇百姓為何看不見他的華服。

最後，走過一百零六個年頭的中華民國，經歷抗戰、內戰、冷戰；也曾繁榮、輝煌、引領民主。放眼國際，身為我國國民真的應該自豪昂首，而即便可預見的未來仍有許多外在壓力和挑戰，包括面對日益強大的中共、虹吸式的大陸市場，必定需「自重而人重之」。但連國旗國號都可輕易抹煞的今天，民進黨政府是你們正在丟台灣人的臉。

當教育部變成「教愚部」

這三個月來教育部主導的鬧劇會落幕嗎？恐怕很難，隨著新教長的上任，round2才要正式開始。

放眼過去各內閣時期，除了杜正勝台獨立場鮮明，加上三隻小豬成語離譜至極，恐怕沒有哪次教育部爭議如此之大，從今年初遴選台大校長後該發聘書未發，七道公文金牌連環追擊要求台大重新檢視管中閔資格，到校務會議結束後仍未定案，而後教育部長被迫起辭下台，新任部長吳茂昆還未上任已被起底過往曾赴大陸講課、論壇、並且擔任重要機構顧問，種種卡住管中閔上任的原因，遇到了新任部長卻全都變成

「一切合乎規定」，這種顏色對了、什麼都說得通的戲碼，一再上演，不覺得是在愚弄全國百姓嗎？

說對了，教育部現在已經變成了「教愚部」，教人如何自愚、還有愚人！

首先，管中閔擔任台大校長是大學自治辦理，遴選委員會從去年七月公告，經過一連串公開治校理念說明，到最後於八位候選人當中遴選出管中閔，全都可於台灣大學校長遴選專區觀看，過程公開透明、清楚明白。而教育部卻遲不發聘書，這對習慣民主程序選舉的國人來說，何其諷刺。原來過程公平與否不重要，掌權者喜不喜歡、願不願意、想不想要發給聘書才重要，白話一點，這叫「朕不給的，你不能搶！」

要自我愚弄才不會神經錯亂，還以為我們生活在民主國家，根本早已恢復帝制。

而過去打著鮮明台獨旗號的新任教長吳茂昆，也可算是史上最爭議部長，還未上任，被踢爆過往曾多次赴陸講座、交流，更被發現擔任「中國高等科學技術中心顧問委員會委員」凝聚態物理類委員，時間從2010年開始接任，此職務甚至橫跨吳茂昆擔任東華大學校長期間。這樣的明顯瑕疵，卻是一句「合乎規定」就可輕描淡寫帶過；對比鋪天蓋地要管中閔出來面對，可謂天壤之別。16號晚間公布人選、19號早上走馬上任，以往棒球迷會說穿黃金聖衣橫行無阻，原來現在有綠袍加身才是做官保證。

你知道今年球季兄弟象隊球迷大量流失嗎？資深象迷的我「哀莫大於心死」。

但最令人警訊的地方是，這是掌管國家百年大計的教育部，是培育國家棟樑、人才、整體國力的發動機，卻因為過去三個月的胡鬧，淪落成只為對付管中閔一人存在的黑機關。而教育部長的就職典禮，沒聽見他的施政理念、沒看到他的教育藍圖，交接變成澄清大會，當最基本的誠信問題都無法向國人交代清楚，往後又要如何「教育」別人，還是連教育基石都成為選擇性相信，做科學研究精神是永遠抱著懷疑的眼光沒錯，但如果人民卻是永遠懷疑蔡英文政府所說每句言論、每項政策，背後是否有政治目的，這樣政務又能如何推動？

教育的本質面向很多，大抵都是追求正向發展；教愚的本質卻是如何愚弄人民，用雙重標準話術來自圓其說。

無論外界如何烽火連三月，蔡政府的教長聘書可抵萬金。吳茂昆19日接任教長，往後仍要在人民的監督下作為、接受國會質詢，而管中閔案奉勸依法儘速讓其就任，千萬別低估此事社會觀感對於蔡政府的不信任；最後，過去兩年紛擾，讓筆者總想到蝙蝠俠-黑暗騎士裡的一句經典台詞，「你不是當英雄死去，就是活到看著自己變成壞人。」（You either die a hero or you live long enough to see yourself become the villain.）；面對雙重不一標準，能不被愚弄者，又有幾人？

一子錯、全台輸的年金改革

距離年金改革新制即將上路僅一個月時間，各地政府陸續配合辦理相關說明會，近來更看見退休公教人員協會辦理自救會，吸引上千名退休公務員參加，透過新聞畫面呈現，當中有不少辛勤一生的公教人員直言，擔心7月1日退休金減少，會影響生活。尤其近年來物價上漲、通貨膨脹，原本已經克勤克儉的退休金再被刪減，心中的鬱卒指數，恐怕非當事人能夠想像。

筆者本身或家中並無任何親屬擔任公教職人員退休，是以狹義來說年金改革對我一點都沒有影響，然而在過去一年多因為擔任政黨發言人關係，在各大政論節目中也著實討論不少；透過研究及數據分析，可以大膽預測，年改新制上路，可能造成的後續效應，才正要發生。

首先，任何社會政策的主體都是以「人」為出發點，無論是照顧人、幫助人、救護人，社會政策都需要讓人的生活更好；而年金改革最原始出發點則在於永續經營。所以如果一個好的年金制度能夠讓人的生活變好、但無法永續經營，這是白搭，反之亦然；而造成年金保險需要改革的根本問題並非任何主觀因素造成，說得直接，現在年改最大問題仍在於現代人壽命延長、造成領取退休金年限增加超過以往計算。

可是，發生這樣情況的並非軍公教退休年金的獨有，真正造成政府整體最大赤字，應當是勞保年金。所以當蔡英文政府強推年金改革時，就有人提醒務必不能泛政治化操作，尤其是如果年改並未動到勞保這塊的話，那麼再怎麼口說公平正義，都仍難逃拿特定族群開刀的疑慮。

公教人員年金改革幅度雖大，但因為只佔總人口的 5%，而反觀對於年金制度中隱形財務缺口最大的勞保仍未討論，放眼未來要如期如時改革仍有很大不確定性，這也是檢視政府到底有心做全套、還是作假搞半套的最好指標。

再者，民進黨政府推行年金改革以來，仍然沒有為過去刻意汙名化領取年金軍公教人員說一句道歉，這也是現在衝突持續昇高的主因。甚至改革抗議過程中有帶頭者辭世的不幸憾事發生，種種鐵證只顯示了政府沒能持續有效溝通。

筆者每每在政論節目討論時總會遇到不理性綠營人士反駁，「有呀！政府開了多少場溝通。」甚至還會反過來指責抗議者破壞現場秩序。其實，執政者真的需要多點同理心。這種缺乏換位思考的言論，說穿了因為被改的人不是你！如果政府溝通只是走過場的形式主義，那麼多開一百場當然也無用；而如果要求被改革者公聽會上不能吵鬧、只能被政府摸頭，豈不是倒退到威權專政？不就更是愧對民主進步的招牌？

另一方面，違反法律不溯及既往原則也是年金改革無法令人信服的主因之一。要改，為何不能有落日條款？為何不能從此時此刻開始改？當然這可能引發搶退風潮、或是會讓新進軍公教待遇更加限縮。所以最好的化解方法，仍然是回歸到純粹科學的計算。不帶情緒的用數字告訴所有被改革者及民眾，現在何時會歸零？這樣不改走下去何時破產？而改變到此後是最不得不的改革。

可惜未看見這些科學證據，或有提出卻也無法實質討論；國會殿堂上只看見一位位張牙舞爪的綠委們嗆聲多砍、又大罵貪婪，一生辛勞的軍公教人員，命都可以為國犧牲了，還要在老年時被冠上貪婪之名？綠委們得了便宜還賣乖，在軍公教傷口上大灑鹽巴，很過癮嗎？

最後，任何一個制度，都不能跨越時空來看待問題。用現在的思維看過去的制度，當然難以想像。就像現代人也難想像不過才半個世紀前，黑人是不能與白人同坐巴士、同進大樓、甚至是共用同個廁所，而如今誰還敢存有任何差別歧視性的思維呢？

如果走到今日，客觀環境使然讓年金不得不改，身為擁有絕對權力的政府，難道不能更有胸襟的面對被改革者的無奈及無助?還是七月一定趕著鴨子上架,甚至連軍人年改也一同上路,只因地方首長及緊接的總統大選都會到來,如果連年金改革也要如此政治算計,這個一子錯、造成全台皆輸的年金改革,紛擾只怕還會持續、沒有停止。

看了年改廣告，過去馬政府實在太老實！

上週民進黨全代會前夕，推出「改革挺台灣」宣傳廣告，訴求年金改革的正當性，其中把陳水扁、馬英九兩位前總統談話移花接木地出現在廣告中，就是強化執政黨現在所做所為的正當性，當畫面停止在「我們真的做到了」的結尾，一種「打你是為你好」、「賣你還要數鈔票」的感覺油然而生，過去兩年讓台灣呈現分裂、對立，這才真的是執政黨做到了。

無論每個公司、品牌，推出廣告其目的不外乎兩種，一是鞏固既有消費者，讓品牌忠誠越趨堅固；另一方面是開拓陌生消費者，讓沒使用過該品牌的民眾試著愛用。但看著這兩個禮拜鋪天蓋地的各大新聞頻道託播，看來民進黨鐵了心要以此支廣告來試著突破同溫層，吸收陌生族群了解年改的辛勤和決心。

而如果執政黨真的天真地想以此支廣告來吸引一般民眾，是太小看了民眾的智慧？還是真以為完全執政所以方的扁的你說了算？

這讓人不禁想到馬政府執政時最被網友砲轟的「經濟動能推升方案」廣告，當時背景歐債危機、國外市場成長減弱、區域經濟整合影響我國出口產量等因素，是以由行政院為首，跨部會討論半年後推出五大面向的短、中、長期經濟發展的綜合性方案；即便如此簡單背景說明，都需要花近百字闡述，更何況是當時推出方案的馬政府要於短短三十秒說明，是以廣告以「做，就對了」來當作主軸。

結果被網友連番攻擊，甚至認為是最差宣傳，有講等於沒講；而當時的馬政府卻也老實的回應「這是前發言人的點子」，找了個台階下，後續溝通也就不了了之。

看到了吧，馬政府就是這麼老實。

如果對比現在民進黨的操作，應該當時的行政院長先羅列出國民黨做得比民進黨做得好的地方。（對照現在賴清德報告的套路），什麼都拿過去的政府來救援就對了；再來馬總統站上第一線對著貪污腐敗的陳水扁開罵，經濟不好，就問是誰鎖國八年讓台灣停滯不前？民調不高，就喊那被貪污的七億匯回來沒？對於執政團隊不滿意，更要罵前朝三隻小豬才是罄竹難書。

過去國民黨就是要老實，所以才會一味想討好反對者，卻毫不被領情；欲拿支持者來開刀，落得真心換絕情的兩方不討好、裡外不是人。學著點，民進黨這次口喊年金改

革為挺下一代，但真正深水區的勞保年金有動到嗎？砍來砍去，就是砍掉了軍公教這些沈默又不是民進黨選票的族群，一刀揮下，既可教訓反對者，又能對支持者交代，算盤怎麼打，都屬划算。

所以，雖然幾近滿檔的廣告，以為是在爭取陌生開發，實際還是訴諸原有支持者，並且毫不畏懼地反覆刺激年金被改者，而搭配全代會當天蔡英文站到第一線連環把前朝拿出來消費一遍，馬政府提款機一用再用，如果能有績效獎金，當真頒發給蔡英文這位VIP。

只不過，國會多數加上中央執政兩年多，就連地方多數縣市也盡為民進黨籍首長，只要代民眾問一件事，你的感受此時此刻的時空環境比2016馬蔡交接時是更好還是更差？如果更好，我恭喜你沒生活並沒受到嚴重衝擊，但如果感覺氛圍是更差，那請教獨攬大權的蔡英文總統，你有什麼資格再把過錯怪罪前朝？

今天如果是在野的民進黨，推出改革廣告：在野的蔡英文七問馬政府，恐怕又是篇有力之作。

今天如果是 2016 年交接時的民進黨和蔡英文做這些事，我給六十分，因為人民選擇了你們，代表過去國民黨確實有做不足之處，民主政治政黨輪替，欣然接受。

但今天是已經執政兩年的蔡英文，大言不慚地仍怪罪著前朝做不足，那就只能死當再死當，會窮到只剩前朝可以救援和說嘴，代表過去兩年都在空轉、也都在虛耗。

就像要考期末考的大學生，繳了滿滿白卷後指責高中三年的老師教導無方。問題是，你已經畢業並念完大學整學期，還在怪罪高中，是錯亂還是裝傻？而一樣的狀況，上週還在批評馬政府的執政者，恐怕答案以上皆是。那這樣台灣又有何期待和進步呢？

說到底，只會怪罪前朝，這廉價的一百零一招，蔡英文政府還想要多久？

兩岸交流三十而立，期許未來更有力！

相信所有人小時候都玩過一種猜拳遊戲，是與另一人分站樓梯兩端，相互剪刀石頭布來分勝負，贏者可向前邁進、輸者留置原地甚至倒退，最後看何者先抵達彼端者勝。進退之間最速之法，當然是兩者不斷向前；如果他進三步、你退兩步，則距離縮小有限。孩童遊戲勝負之間，也讓人不禁想起，如果兩岸關係是藍營執政就進步、換黨執政就退步，到達彼岸的那刻，不也一拖再拖、時間拉長了？

從上例子，放大到兩岸關係，則牽一髮而動全身，進退之間不是單一人的勝負如此簡單。而放眼世界各國，像中國大陸及台灣兩岸關係如此特殊的存在，也著實難得。是以從文化、生活及語言三方面看起，兩岸實在有著密不可分的聯繫。

台灣社會從除夕、初一到年三十，一整年間度過數十節慶，無一不與中國大陸有所關聯，清明掃墓、端午吃粽、中元普渡、中秋賞月等，都是上千數百年歷史累積流傳下來文化，也深化為華人血液裡的DNA；而家裡大小事拜媽祖、考試前祈求文關聖帝君及文昌、好姻緣拜月老、犯太歲求星君，連初來乍到貴寶地也懂得向當地土地公請安、初一十五向地基主問好，總總傳統文化流傳，又豈是一道台灣海峽阻隔得了呢？

再者，生活大小事更是無處不相近，表現在飲食上更是明顯。麻辣鍋起源在重慶、如今成為台灣上班族聚餐好選擇；烤鴨起源是元朝或明朝早已不可考，但要吃地道好吃可的算上台灣幾家店；最就連常見的牛肉麵、陽春麵，不也是跟隨外省老兵一同飄洋過海來台，如今高朋滿座的知名店家，哪家敢說自己與大陸口味毫無瓜葛？所以實在是不需在意識形態下硬做切割。

而講相同語言者常常聽來格外親切，記得筆者父親近二十年前赴大陸閩南彰泉州一帶，舟車勞頓了許久，停下於休息站小解之時，隨口一問路旁小兒「你咧創啥？」（你在幹嘛？）小童天真地回答「我佇勒放尿。」（我正在尿尿。）如同台灣聽到口音及用法一模一樣，且配合孩童童趣的應對，真有如回到南投故鄉。長期以台灣人講台語驕傲自居者，其實台灣話就是明清時期大量大陸祖先移民來台所帶來使用方言，這更是兩岸共同的最好證明。

是以，兩岸交流從三十年前起，經歷中間來回的調和，曾經緊張過、扁政府時自我封鎖過、也在馬政府時積極交流合作過，如今在蔡政府時代進入冰凍觀察階段，當然高低起伏過程絕非大多數人民所樂見，畢竟綜觀上述無論文化、生活及語言，實在沒有不加深互動的道理。自我封閉或設限，在全球都積極與大陸交朋友攀關係套交情的同時，更是開倒車的做法。

「台灣的外交問題就是兩岸關係的延伸」，是以與其讓蔡總統現在在太平洋友邦島國上奔波，只為繞往美國夏威夷露臉；橫眉冷地看著陸客不來、兩岸熱線不再，這不就象徵過去三十年交流累積一年半之間被敗光。而台灣又有多少個三十年可以浪費？當然共產政治與我民主信仰不同，是以先擱置有爭議部分，而以務實踏實的方式持續交流，相信無論是對岸十三億人口、或是台灣兩千三百萬人，都有著一致共同的信念。

「三十而立」，願兩岸交流讓企業獲利、人民福利、未來互動更加有力！

抓緊了！深澳電廠即將再次髮夾彎？

本週三傍晚某週刊以「深澳電廠傾向停建 就等賴清德拍板」為標題報導，內容鎖定深澳電廠即將髮夾彎停建，甚至內文大辣辣寫著「蔡英文一直對興建電廠有疑慮，府方極力關切、斡旋，近日行政院方面態度也已轉向停建深澳電廠，目前就等行政院長賴清德做最終確認。」這樣大轉彎，對於北部千萬鄉親情何以堪？原來當初環保評估、專業判斷都是假，選舉到了立場就變、這才是千真萬確的真？

再者，這政策轉彎背後隱藏多重的政治算計，塑造蔡英文一直反對深澳電廠的假象，是賴清德執意要建，如今停建與否皆取決於賴院長一人。一推二五六、這一石三鳥之計，算計之深，恐怕賴院長只能啞巴吃黃蓮；

但受傷最重的還是每天需要呼吸的民眾，不分藍綠族群，只要是生活在北部地區，原來我的呼吸自由，是維繫在民進黨政府獲得選票的高低判斷，實在是滑天下之大稽、荒世界之大謬。

怎麼說這樣的政治算計是一石三鳥呢？

第一鳥，化解接踵而來的反空汙民怨。

蔡英文政府目前通過的深澳電廠開發案，是取巧的以2006年，也就是12年前就通過的環評案進行差異分析，（簡稱環差），以避免重新做環評的曠日廢時及可能不過，並且在正反代表意見平手時，由官派主席環保署副署長詹順貴貫策意志地以1票支持下，通過環境差異分析。這樣過程忽略時空環境不同、環境保育條件不同、迫切性需求不同等因素，硬是要強渡關山開發，早已引發眾人側目，質疑棄專業於不顧背後動機恐不單純。

而蔡英文政府遲遲未對在野時所說「台灣其實不缺電」的謊言道歉，但在重啟深澳開發案後不斷透過放話說明北部需要深澳電廠，這樣的言論其實就是自相矛盾、自我打臉。而無論是賴院長的「乾淨的煤」、或徐國勇的「一桶瓦斯還是一桶煤放家裡」，看著辯才無礙的兩人在鏡頭前吱吱嗚嗚講不清楚，就知道問題點在於呼吸權是與生俱來，今日要多增火力電廠讓空氣污染加劇，這個政府難道不用誠實的說清楚講明白？或是至少為過去的騙票話術道歉！

因此，民怨四起，而國民黨目前推動的反空汙及反深澳電廠公投連署到第二階段，其連署踴躍程度超乎意外，更證明了民眾對此有感至極！誰想給下一代呼吸骯髒的空氣、誰想每天戴著口罩過活？民進黨硬推燃煤電廠實在與世界潮流背道而馳，會被大力反彈、也就一點也不意外。

第二鳥，把賴清德拉來為年底選戰負責。

年底選戰本是蔡英文政府施政期中考，也是「票投 xxx 就是支持蔡英文」的戰役，然而綠營內部矛盾不斷，上週更有民調做出不支持蔡英文連任、而要力挺賴清德參選。當然蔡陣營也非省油的燈，馬上透過放話釋出蔡一直對深澳電廠有意見，也希望能夠停建，如今只等賴清德拍板定案。

換句話說，賴清德如果執意要興建到底，則將來年底或 2020 總統大選，賴將要直接面對任何反對聲量，賴就成為執意污染台灣空氣的頭號罪犯；如果年底民進黨縣市長因為反空汙議題而落選，這帳就要算在賴清德頭上。這招可謂先踩話頭、先發制人，賴後發只能制於人。而年底選戰就不只是蔡英文責任，更轉移變成賴應該要為空汙負完全責任。

第三鳥，把賴也打成髮夾彎政客。

髮夾彎一直是蔡英文籲脫下卻一直無法脫掉的標籤，而對蔡而言，2020 連任與其對外的政黨選戰對決，黨內的逼宮恐怕更為棘手，因此與其極力脫掉無法擺脫的標籤，不如也把黨內最有可能的對手貼上相同印記，賴清德過去為了深澳電廠說得太滿，又是「深澳電廠不會空汙」、又是「不蓋北部會缺電」。如今為了選舉而改口，代表過去所說立基不足、賣弄專業、信用破產，一個也會髮夾彎的政客，將在角逐大位上元氣大傷。

當然這樣轉彎，應該也有要削弱國民黨推動公投案的正當性和號招力，「政府都已經宣佈停建了，幹嘛還要公投？」這樣的聲音一定會出現。但就是因為為了選舉可以停建、那會不會選完又浮現？如同網路笑話總說「有些地方建設總是選舉時就出現、選舉完就不見。」人民的呼吸權與其依賴政客的反覆，不如一次用直接民意來拒絕說不！所以反而會更加堅定推動的信心，越是反覆髮夾彎、越要公投讓它轉不了彎！

今年年底，就是空汙與反空汙的決戰！

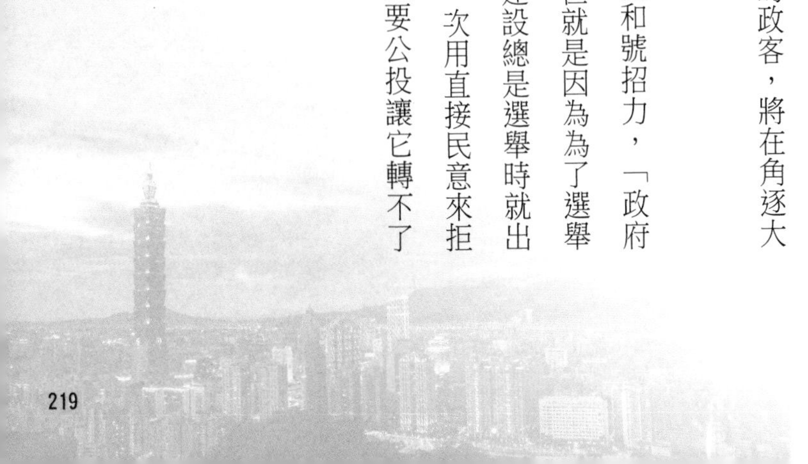

當個有自信的台灣人！

綠委爆料煞有其事地說大陸品牌「華為」贊助新北市政府歡樂耶誕城活動，恐引發資安問題、國安危機。一時間，還以為新版木馬屠城又出現！

當年的ECFA簽訂前，那恐嚇民眾的順口溜「找沒工、嫁沒郎、當兵要到黑龍江」還記得嗎？曾經說的嘴角全泡，說陸資將全面入侵，讓台灣社會徹底改變。如今十年過去，可有翻天覆地的變化？還是全都只存在特定意識形態的幻想中。

其實不說不知道，一查下來發現，不只新北活動，連綠營執政桃園市也與「抖音」合辦活動，文化部所辦金曲獎及金馬獎更有oppo和騰訊的贊助身影。原來大陸品牌早已大舉進攻，怎麼之前沒見任何反應？

又或者，街頭巷尾看看吧，支付寶、銀聯卡，這些不也是大陸限定的支付工具，如今在各大商城、夜市都能輕易使用；雙十一的瘋狂搶購，信義區小米旗艦店的滿滿人潮，就連常見的路邊夾娃娃機店，十個台主至少八個內擺貨品是從淘寶淘來的。台灣跟大陸的生活，其實早已越來越不易分別。

當一位國會委員，看到活動贊助商出現大陸品牌，就獵巫似的認定這是國門大開，令人懷疑她活在哪個年代？是停留在獵巫的中古世紀？所謂「沒知識也該有常識、沒常識也能夠來看電視」，不了解現況沒關係，不常在街頭晃無所謂，但至少打開電視了解一下現實，以免貽笑大方。

所以，現實是什麼？政治層面先放一邊，經濟、文化、流行，這幾個民生面向早已經互通有無，交流已經都在你我生活之中了。不是嗎；不然「洪荒之力」怎麼來？「小鮮肉」以往誰知道是形容年輕帥哥？「陸劇」近年火紅，即便沒看、沒追，但是講到延禧攻略、軍師聯盟，都應該知道這是引領風騷的戲劇。這，就是兩岸目前的現實。

當然，文化並非一面倒，台灣過去也曾輸出並影響大陸許多，周杰倫、五月天、張惠妹、SHE等不需我再細數；流星花園、三立華劇更捧紅許多影視名人。所以在相互交流的當下，真正務實且自信的作法絕對不是一味的看到「紅影」就開槍，一句華為贊助，綠委們到底想引起什麼樣的恐慌？

再者，即便縮小範圍到單一家陸資公司，難道台灣得天獨厚，所以獲得華為唯一贊助？實則不然，足球迷一定很有感，歐洲各大足球俱樂部處處可見華為公司身影；從球衣logo、球場贊助、廣告採買等，鋪天蓋地，令人想避免都難。但可曾聽聞足球隊們有任何抱怨，而會因此質疑國家安全因此有疑慮的人，恐怕也是不了解市場機制的井底之蛙。

即將邁進2019年，台灣人的思維更應該有些改變，過去手提一卡皮箱就全球跑透透的台灣精神，不正建立在台灣人對於自己製造的品質、款式、和速度上？因為與他國相比，我們有競爭力，所以我們敢一張一張的合約承接下來；因為與別的種族相較，我們刻苦耐勞不服輸，所以我們更能一筆一筆的訂單都按時履行。僅此一家、別無分號；就，是硬實力的展現。

蔡英文政府已經上任兩年六個月，當初承諾的維持現狀如今徹底破功，甚至是逢中必反，其實就我了解，也有很多綠營支持者感到不滿。逢中必反，這不就未打先投降？把別人視為洪水猛獸，追根究底這就是一種沒自信的做

法。如果我們能接受美國企業的贊助、日本企業的捧場，那麼沒道理遇到中國資金就像刺蝟上身，滿身尖銳；沒有生物能把刺蝟緊抱，孤立自己，不是我們想要的。

真正愛台灣，就請從上到下都教育國人，當個自信的台灣人！看看冰島這個三十萬人的國家，今年的世界盃足球賽首次出賽，令全世界驚豔的黑馬驚奇，那樣的自信，是股子裡藏不住的光與熱。而如果冰島足球隊球員還要區分本國人、外國人、本國但在外國打球的人，那麼再多一百年也登場不了。

我期待，越來越多企業贊助、投資台灣，讓表演者有更多舞台發揮，散發的自信，就是讓台灣走出去的最強動力。至於用嘴巴愛台灣的政客們，真的該省省了。

沒方向？無頭蒼蠅只能彎再彎

幾年前有部好萊塢電影「鳳凰號」，描述主角一行搭乘飛機迫降受困在沙漠地帶，缺乏飲水糧食之際，當中配角提議選定一方向一直走即可脫困，但孰不知在沒有指南針輔助下，人類步行總會偏向慣用手那邊，到最後就是繞大圈原地打轉，像個無頭蒼蠅般永遠走不出困境。

當中這段劇情描繪寫實，也令人畏懼自然的力量。而Ptt電影版更不時有網友發問此片；看電影補充科普知識倒也有趣，但如果現實世界裡執政者也如受困沙漠者沒方向感，這問題可就大條了！

本週一與週三各兩天的報紙頭版分別是交通部研擬反制大陸讓航空業者禁停空橋，卻又連忙改口未曾說過；以及外交部把疑諷刺習近平推特貼文不到十二小時後下架。影響國人甚巨的交通部、以及與國際往來上應該操作更為細膩的外交部接連放火，國人不禁要問，這個政府怎麼了？

政策推動本應縝密進行，當消息確認後再公開說明，即是考量利弊得失後的決策，但怎麼目前全都演變成走漏風聲、探探風向、連忙否認、白忙一場的鬧劇，讓國人霧裡看花以外，更對往後政策可信度及公信力大打折扣；「狼來了」講第三遍就已經無人相信，更何況一週內接連兩部會輪流轉彎？

而上述兩行為其實仍回歸源頭，就是蔡英文政府的兩岸關係目前屬於緊張狀態，各部會急於效忠表態來對付中國。但一來是手邊工具有限、能用武器不多，二來則是最上位者仍扭捏作態，一邊喊「絕不挑釁」、一邊又放任意識形態胡搞，既然中央、國會皆一手掌握，真有膽或有心，直接宣布台灣建國獨立，倒也是條漢子；但如今是坐享中華民國權力在握、又盡是小動作不斷，無怪乎底下部會只能揣摩上意、政策離譜也就不足為奇了。

在我國機場讓飛機禁停空橋，最受困擾的一定是我國國人，而他國旅客只會感受到台灣機場落後、不便，更不提因為空橋使用減少造成段費用短收，「打自己小孩然後問對方家長痛不痛？」這個邏輯有事的很！

而外交行為最該細膩且嚴謹，拿任何的國家領導人開玩笑更是大忌中的大忌，外交部聲明「避免造成誤會而下架」，這

更凸顯了上架前沒有任何審查機制？明知道會誤會又怎麼可以放任上傳？這是找架吵還是刻意挑釁？

ptt 電影版上常有句名言諷刺故意透露劇情者「暴雷一時爽、全家火葬場」，如今外交部變成「貼文一時爽」，以為這樣酸到對方就好棒棒，孰不知只是更凸顯沒有方向、拿不出實際辦法，連想當個網路酸民都不及格。

最後，理應掌握全局的賴清德院長上週為了 48K 月薪事件越解釋越離譜，甚至還要民眾不到 48K「要跟老闆要」。這是假設資方都是佛心功德主，勞工要五毛可以給一塊，如果真是如此，那也不需政府角色，只需每個月提供統計資料，大家看公告薪資發放，這比共產國家還要集權的手段，絕對有問鼎諾貝爾經濟學獎的實力。

且賴清德的言談絲毫無法接受檢驗，就拿行政院五月才公布的約聘僱員工薪資，才從兩萬多要調整為三萬，且是 2019 年才部分實施，換句話說連政府部門都無法帶頭以身作則時，想要民間企業加薪，根本緣木求魚。蔡英文政府不是活在雲端、就是活在幻想，不接地氣的施政，註定將是幹話一場。

所以，當報紙的頭版新聞都能夠成為髮夾彎的一環時，蔡英文政府如何說服人民施政有方向、有步驟、有時效？台灣資源有限，且在國際環境持續變化的情況下，如果無法堅定目標方向，那就只能隨波逐流、任其擺佈。

當意識型態凌駕專業，施政才會一錯再錯，最後荒腔走板至此！說到底，方向其實就是您我心中理想的施政願景，百姓要的真的只是安居樂業而已。做不到，等著被換掉，別再像無頭蒼蠅般亂飛，走不出困境、也只會四處碰壁。

誰把「正義」變「不義」?!

DC 宇宙裡有個受歡迎的篇章「不義聯盟」，講述超人因為愛妻之死悲痛莫名，因而以自己的正義為正義，搖身一變成為地球上最強獨裁者。當「正義」變成「不義」，就是大量的死亡及悲劇。漫畫劇情可以很跳 tone、很創意，但當變成現實時，誰來定義何謂「正義」？

蔡英文政府自從 2016 年全面執政後，陸續推動幾項具爭議法案，包括「不當黨產條例」、「促進轉型正義條例」等，就是劍指最大在野黨 - 國民黨而來，而本週爆發出促轉會的副主委張天欽召集主祕許君如、研究員蕭吉男、曾建元、副研究員張世岳、吳佩蓉等人開會密謀對付侯友宜、如何與民進黨立委唱雙簧、如何利用促轉炒作影響年底選情，一時間，正義變的廉價，被消費的正義、不是正義。

無論歷史或是熟悉的故事劇情，以正義為大旗，想合理化自身行為者從來不缺。但正義並非清算對付他人，轉型正義的重點在於「實踐正義」，任何心裡有仇恨、任何心理想報復、或是任何帶有偏見立場者，都不適合擔任協助轉型正義的角色，否則，當推翻極權的意義，不是為了公義正義，而是為了自己能成為那個擁有極權的人，這只是在汙辱正義。

上述講得太攏統？換個方式來說，如果你是漫畫迷，就請回想海賊王裡的海軍上將，穿著正義的大衣，難道就能合理化一拳擊殺艾斯的罪行？如果你是電影迷，就請回想在「復仇者聯盟三」裡搜集六顆寶石彈指之間滅絕了宇宙一半

人口的薩諾斯，他的殘殺行為甚至還不是為了私利，只是希望宇宙資源別因太多生物而消耗殆盡，但以絕對武力貫徹「正義」，難道就能稱為是真正的正義？

綜觀全世界人類歷史，目前為止廣受討論的轉型正義，較被廣泛接受的是南非及東西德的轉型正義，這也是在促轉會或黨產會過往推動最喜愛掛在嘴上嚷嚷著，然而沒說的是，第一，東德是在瓦解後的東西德合併下所追究的過往功過，有功、有過並陳，這還是對於一個消失的政權做清查。反觀台灣社會是進行了近三十年的民主法治選舉而後政黨輪替，怎麼會今日一個政黨取得了執政權，就對另外個政黨清算打壓？根本邏輯不通。

第二，即便對於過往東德的不堪，每年德國政府也都編列預算以教育、電影、文化、展覽等全方面地盡可能的客觀立場來闡述過往的歷史背景，重點不是醜化、而是還原；唯有正視歷史、才能記住歷史，也確保永遠不再犯愚蠢的過錯。台灣社會目前為止沒有這樣成熟的條件，果不其然，促轉會尚未上路，「張天欽們」就耐不住寂寞、管不住那鬥爭邀功的心，帶著仇恨打壓政敵，又怎麼能心平氣和、客觀以待？

平心而論，目前最該被全體兩千三百萬人所認真看待的轉型正義，應該是僅剩兩位高齡九十餘歲，猶如風中殘燭的台灣慰安婦阿嬤的權益。根據歷史資料，二次大戰期間，共有約1200-1500名台灣少女被強押、或拐騙、或利誘而成為日軍的慰安婦，而如今仍在世的僅剩兩名，大多數已經離開人世的慰安婦阿嬤們身體機能已被破壞、不能生育，就這樣一輩子孤零、每晚於惡夢裡驚醒的結束受苦一生。遺憾地等不到一句正式的道歉，與時間賽跑的我們，這才是最應該做的正義，不是嗎？

然而，極為諷刺的是，促轉條例內卻把慰安婦受苦時間給排除，僅記指自中華民國三十四年至八十一年之時期。換句話說，促轉法眼裡的正義僅限對付國民黨，而忽視慰安婦阿嬤權益，當然更別說所謂原住民的權益了。

民主政治，就是一種信賴政治；因為相信法律之前人人平等，所以有了法治；因為相信一人一票票票等值，所以有了民主；因為相信政府就是眾人的公僕，所以有了公權力。在民主法治及公權力之前，這難道不是生長在台灣這塊土地上的我們所常引以自豪自己與對岸最大的不同嗎？

今天促轉會的「張天欽們」卻讓民眾看見，原來法律是會鎖定特定對象，所以法制不再；原來取得政權後就會對付政敵，所以民主無存；原來政府不但不是公僕，還能以政黨的東廠而沾沾自喜，這樣的令人可恥的公權力，覺青們、民進黨的支持者們，還好意思說自己比對岸高尚嗎？

所以，是誰把「正義」變成「不義」？誰就是我們共同的敵人；而誰在用正義來美化自己，這就是污辱正義、作賤正義，值得大家唾棄。

兩岸關係不好，蔡英文註定是失敗總統

蔡英文總統人在海外訪問，但一個「路過」購買台商企業85度C咖啡卻引發喧然大波，該企業隨即迅速發表聲明主張支持九二共識，卻仍然未能完全滅火。經營企業通常都不願也無意與政治牽扯掛鉤，尤其是現在敏感且停滯的兩岸關係上，如今連一個「路過買咖啡」的簡單動作都迫使台商企業必須急忙表態選邊站，可以說，兩岸關係處理不好，蔡英文總統註定是個失敗的總統。

各民主國家對於總統的職權不外乎外交與國防，我國尤是。然因為特殊的地理環境及歷史脈絡，我國總統還背負著一個重要任務，就是兩岸議題。在我國可視為

「兩岸關係是外交的上位政策」。也因此過去馬政府時期，依「兩岸關係位階高於外交工作」理念，改善兩岸關係就是雙方停止烽火外交，讓台灣取得更多彈性且變化的國際空間。

另一方面，國防則是兩岸關係變化的溫度計；每個國家都使然，不可一日無國防，但更重要是需要了解為何而戰及為誰而戰，以及應當認知國防準備絕對是用來防止戰爭、而非開啟戰端，是以能用最有效率的方式編列國防預算並永不開戰，這當是最聰明的作法。

換言之，我國每一任總統都應該清楚認知，兩岸互動越多元、交流越密切、往來越頻繁，則越能降低戰爭的可能性，且更能停止金援競賽，而把更多資源投入在國人看得到、用得著的地方。無論您喜歡大陸與否，目前它是全球第二大經濟體，市場消費人口佔全球大宗，這是客觀事實，也是現在進行式，除非我們鎖國後自給自足、老死不相往來，否則是磁吸效應也好、是西瓜挖大邊也罷，人才仍會被大市場所吸引過去。

所以，關鍵就在三個問題。第一，現在兩岸關係到底好不好？比馬政府時代好、還是差？第二，蔡英文政府有沒有心或能力在僅剩的一年多任期內把兩岸關係提升？第三，也就是最重要的問題，兩岸關係如果持續低迷，迫使原本模糊空間被迫釐清，這樣到底是讓台灣在國際上的空間更加開闊？還是更為緊縮？

前兩個問題爭議應該不大，而第三個問題則從過去兩年兩個月蔡英文政府的主政下，先有四個邦交國被迫選擇大陸而與我國

斷交，其中包括建交百年的巴拿馬；MI503航線被片面開啟、無力溝通；國際航空公司認證把我國稱謂變成中國台灣，且即便之後政黨輪替，可能也極難再更改回來；這些，都在在說明一件事，沒有雙方能接受的中間路線，那不是往左靠、就是往右靠，逼迫任何人或國家在面對兩岸上需要選邊站，在實力原則或市場規模下，我們要佔上風，很難。

而把民進黨人士最不願面對的地位問題先擺一邊，其實在兩岸交流上，早已密集頻繁到難以想像。食有85度C、西提牛排等向陸發展，台灣也接納海底撈為排隊名店；購物有蝦皮、淘寶，1111光棍節更是從陸興起、全亞洲流行；看APP直播，或是抖音一則則短影音讓人手不停；聽的歌從我們的周杰倫、張惠妹、五月天、蔡依林，到大陸歌手李榮浩、薛之謙，幾年前的「小蘋果」到現在的「我們不一樣」，大街小巷裡誰不是朗朗上口？「有嘻哈」、「好聲音」、「新歌聲」、「蒙面王」、「奔跑吧」，流行文化和趨勢，早已不分你我密切交流。而這些又有什麼好爭議的呢？

是以，本次85度C事件，就是凸顯蔡英文過往未把兩岸關係處理融洽，而本身又變成「台獨」代名詞，是以任何行業與其沾上邊，就要極力撇清，過去兩年多執政掉了四個邦交國如此、航空公司業者更改為「中國台灣」如此，連現在85度C被誤會更是如此；口說台獨，就是一條沒有方向和未來，也沒有人願意同步的道路。

即便網路上聲音不斷認為在當時的馬政府主政下，也曾發生過周子瑜事件。但好事者不清楚的事，周子瑜是在2015年表演時揮舞著中華民國國旗，當時並未有任何風波，而到2016年有部分不明究理網友指稱周主張台獨，包括黃安這個爭議極大之人，韓國經紀公司及周子瑜本身才會被迫發表聲明。所以揮舞中華民國國旗沒事、承認中華民國國人沒事，但跟台獨有任何瓜葛，則是眾人皆卻步，這才是問題所在。

最終，兩岸問題終需有解，這也是2020蔡英文總統任期內不可迴避的責任，如果只想黑龍轉桌、或是運用政治意識形態來糊弄，別說對岸不買單，恐怕連國內民眾也無法接受。處理不好兩岸關係，蔡英文此屆任期，注定歷史留名，然而把台灣競爭力拖垮，這又該找誰算帳呢？年輕朋友應該好好思考。

中選會惡意阻擋公投、是民主的悲哀。

今年底，國民黨及以核養綠共四個公投案大概已經宣告出局了。

看來劇本老早寫好，沒有意外就是照本宣科演出。今年年底與九合一選舉同時的公投案，國民黨所提出的「反空汙、反核食、反深澳電廠」三項公投和「以核養綠」公投應該是過不了。

原因無他，就是因為過去民進黨之前操作「公投綁大選」大大成功，太好用了，知道這樣的威力驚人，所以如論如何都會一擋再擋，絕對不能讓在野黨如法泡製；這完全是標準政治操作，可惜的是中選會竟然公然配合演出。

看看對付國民黨和黃士修（以核養綠提案人）的手段即可得知，這次中選會吃了秤砣鐵了心，見招拆招就是不想讓上述四個公投成案。從一開始的修改題目、拖延成案，二階段送件時的拒絕收件、影射造假、懷疑代簽，以及未到九月十六期限卻拒絕再收件。這哪裡是一個中立行政機關應該有的作為？

沒有法源依據讓中選會可以實質審查提案內容、它審查了；沒有條文規範不得於期限內拒絕收件、它就敢不收。刀槍劍影的，這是中選會？還是民進黨內的中選事務效忠大會？

太離譜了！中選會明明是個獨立機關，從主委到承辦，都需受公務人員規範，領的是中華民國人民納稅錢，卻處處展露針對性。我為何要如此悲觀？其實原本還存有最後一絲希望，但看到上週四黃士修因為兩萬多份的連署書被中選會拒收而展開絕食，整整 140 個小時，相當於五天多時間只喝水渡日，但中選會長官們、整個蔡英文政府無任何動靜，任其露宿街頭、如風中之燭倒下，人民看在眼裡已經知道，這個政府鐵了心不理會，哪怕是一條年輕的生命可能犧牲，毫不在乎。

對蔡英文政府來說，黃士修不是國民，是反叛份子；而且還不是一般的小囉嘍，是反叛份子的頭號角色。別說綠營效忠者，就是一般公務人員也不想跟他扯上邊。從上週四晚間到現在，只有層層警力的隔離，不見中選會高層的溝通，任黃士修支撐不了倒下，用時間換取空間，日子一久，媒體不想關心，這兩萬多份的連署書也就形如廢紙。

對付國民黨，則更不用客氣，明槍暗箭齊發，開什麼玩笑，打壓阻止國民黨可是大功一件！前有黨產會顧主委的楷模、後有黨產會林主委的效法，一個個嘴臉猙獰、張牙舞爪地，越能箝制國民黨，越可在功勞簿上記一筆，想升官發財者，又怎能不把握機會、好好搖尾乞憐一番呢？

過程配合特定媒體放話，先用死人連署、後講筆跡相符、再說出過半數、近六成不合格等數字，這就是在鋪陳。鋪陳什麼？鋪陳要把高過法定門檻近20萬份的連署書大筆一揮，一次全砍的劇本。

當時間來到十月中，中選會宣布連署書數量不合格後，即便國民黨要如何吵鬧、甚至上街頭抗議，到時候一方面縣市長選戰僅剩一個月，關心公投版面有限；二方面中選會大可一推二五六，走所謂行政救濟程序，重新複查、審閱，等到結果再出爐，選戰早已結束。到時天地不應、又怎拿它有法呢？

看看台大校長的前車之鑑吧，今年一月五日遴選勝出的管中閔，如今仍無法順利就任，台大目前仍是校長代理中。中間的媒體抨擊、法律人喊話、學生校友們等聲援有少過嗎？但蔡政府一皮天下無難事，當你以為這就是所謂的下限時，它們總是能再給如驚喜般的更下限，換了三任教育部長也在所不惜，就是要卡管到底、連根拔起。

敬告中選會，根據公投法立法精神：公投，是主權在民、確保國民直接民權之行使的方式。且將投票年齡下修至18歲，比一般選舉更低兩歲，就希望能夠讓更多民眾參與。因此，刪除任何一張連署書，都必須要清楚告知刪除理由並且公告於民，不可黑箱作業。如果最後僅用「推測、懷疑、疑似、可能」抄襲來否定，這樣是明顯違反法令，更可能造成公務人員行政怠惰及偽造文書等罪，別因為一己之私，而造成承辦人員的不可承受之痛。

最後，存有著最後一絲希望，我國還有一大群不願向官僚低頭、不肯為權貴服務的文官們，否則也不會有越來越多錄音檔的流出，告訴社會黑暗的現況。這是法治國家最應存有的基石，這些文官應該不為當權者服務，而是永遠把國家、人民擺在第一順利。

看看最近一個個不懼怕綠營爪牙的吹哨者們，我期許，這個國家可能有機會被國民黨執政、被民進黨執政，但法治的防線不能被破壞，而無論你的政黨立場為何，都應該共同捍衛依法行政的價值，這才是我們常說與人治國家最大的不同，不是嗎？

願，我對公投案的猜測只是庸人自擾。

當台獨把台灣帶向絕路

平地一聲雷！東亞青運2019年的主辦權被取消，引發膝反射似的民進黨政府府院黨同聲連氣譴責中國大陸打壓。說實在話，要不是這個臨時取消，只怕台灣大多數人還不清楚原來明年有個什麼東亞青運在台中，畢竟此雖為國際賽事，但參與僅有九個參賽國家或地區，且為青年選手交流為主，而聲量及宣傳更是無法比擬，所以要問的是，為何中共出手，干涉取消？

東亞青年運動會（簡稱東亞青運），前身為東亞運動會，每4年一次主辦，但與亞運、奧運等更高等級賽事衝突，造成選手參賽意願低落，故在2013年辦完最後一次後，轉型成為以培育青年運動好手為目標東亞青年運動會，往後每五年舉辦一次，2014 年會員國共同決定由台中市獲得主辦資格。

但看其參會會員名單，共九個參與國或地區，分別為中國大陸、香港、澳門、北韓、南韓、蒙古、關島、日本，以及中華台北（我國奧會模式名稱）。其中北韓與大陸同屬共產國家，香港澳門也歸大陸管轄，是以可看出在東亞青運上，中國大陸確實有強勢主導的份量。

在國民黨政府中央執政及胡志強市長任內，運籌帷幄地讓 2014 年爭取到主辦資格，然而卻在 2018 年被迫失去資格，且要申訴目前還看不到管道，民進黨政府可曾想過，在其主導下的台灣，怎麼會變成無依無靠的孤立之感？

說到底，不斷挑釁的台獨路線，持續地放任，就是把台灣國際地位和能見度越趨縮小的原因。

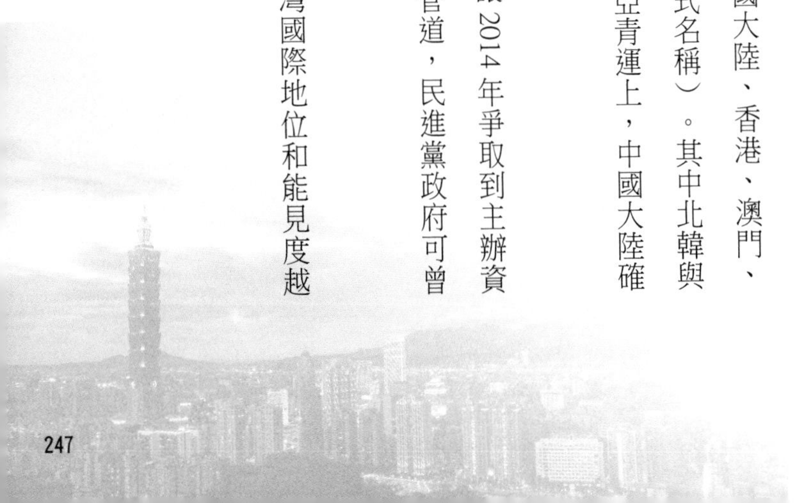

我反對任何形式的政治干預體育，因為運動家精神不是其他因素可以媲美，但是運動卻處處充滿政治，這點也毋庸置疑。不然為何平壤冬奧南北韓要一起出場大演和平戲碼？而每四年一次的奧運或世界盃，其主辦資格的爭取需要私下政治運作，金錢角力。想要天真地忽視政治影響而只看運動賽事，可能嗎？

是以，本次中國大陸出手取消台中東亞青運舉辦，其最根本道理就是不願為台獨宣傳創造舞台，也不希望各國選手前來台灣，卻被消費當成人形看板。怎麼說呢？這是應該從三個層面看起。

首先，2018 年底九合一縣市長選舉，國民兩黨都有爭勝的決心，但對比 2014 年的藍營挫敗後，今年國民黨要增加席次難度小、反之民進黨一個不小心，因為中央施政不力包袱，可能丟超過六個縣市。而戰局揭曉後，誰該負責？首當其衝黨主席及總統蔡英文就面臨逼宮，畢竟中央牽累地方，能不對百里侯有所交代嗎？即便勉強保住主席位，但威信恐怕大打折扣。

再者，縣市長選完，緊接 2020 總統大選馬上展開，照理說現任者爭取連任天經地義，但經 2018 挫敗，到時仍會是蔡英文代表出線？還是獨派虎視眈眈推出自稱「台獨務實工作者」的賴清德能取而代之？

無論是何者勝出，恐怕 2020 民進黨選戰策略在對內經濟無起色、對外國際形勢兩岸關係搞不定情況下，會更加往激化統獨、台灣獨立的方向靠攏。而這時候，2019 年八月舉辦的東亞青運就提供了絕佳的舞台。

如果 2018 年台中林佳龍連任，就放任場內台獨旗幟飛舞，辯稱民眾自發性行為無力干涉，並且運用市府資源為其造勢；如果是由盧秀燕勝出，則更好操作，只需派一兩位民眾強行偷渡台獨旗幟，但營造被警察刁難、禁止打壓意象，就可操作台中市府是中共同路人的假像，更甚者對於一兩位來台比賽的中國大陸選手挑釁、謾罵，只要引得回嘴，「台灣土地上欺負台灣人」的謊言將即刻四起。

到時候，東亞青運焦點完全被模糊，只剩政治性語言滿天飛，而八月體育賽事時間，距離總統大選剩半年不到，各組總統候選人、參選立委者都將見縫插針，運動會將失去關注，而剩下的將是不斷地政治消費。

所以現在的東亞青運被取消，根本不是為2018年選戰。真要說，就是在2020年前，中國大陸方已經看清兩岸關係在蔡英文此任期內無法有任何變好的改善，所以與其等待，不如率先出牌，把可能影響2020年台灣總統大選的兩岸變數排除，往後一年半就是兩岸冰凍期。任何交流，就等2020年新總統大選後再來決定。

所以，別再幻想當一個個邦交國都離我們遠去之時，就是台灣可以與其他國家建交之刻。會說這樣話的人如果不是無知、就是可惡。如果連原本可以參與的體育賽事都被迫無法參與，如果連本來是我們主辦的運動盛會都會被迫取消，那民進黨政府有什麼資格說要帶領台灣走向國際？迎向世界？

最後，東亞青運的走向為何？在2020年前恐怕不會有答案，但當所謂的台獨意識主張越來越讓我國走向邊緣化及無法參與國際事務的同時，台灣還沒獨立、台灣已經孤立，坐吃空山、坐井觀天，難道就是蔡英文政府要給 2300 萬人的未來？我們走著看。

四 針砭時事好觀點

不該縱容的「抄襲創作」現象

近來吵得沸沸揚揚的網路部落客「谷阿莫」以二次創作為由，把大量知名電影剪輯後配上自我意見旁白後變成「X分鐘看完電影」系列，終迫使片商認為權益受損對其提出告訴。而看到貴報刊登4月26日民意論壇「谷阿莫殺片：著作權大戰言論自由」投稿。更加驚覺，擁有影響力者如不能堅持原創，把盜用影片當理所當然，難道這就是台灣人要呈現給世界看的「文創實力」嗎？

首先，谷阿莫所使用影片來源不明，且為了搭上時事以增加話題，往往評論的都是時下最熱門的院線大片，不禁令人好奇，明明電影仍在戲院上映，何以有辦法取得片段來製作影片？分明採取盜版影片；而這就已經脫離單純的觀賞影片後的評論行為，透過盜版影片畫面來豐富內容，分明已構成侵犯製作財產權的違法行為。看到評論的影片用斗大旁白也遮掩不了簡體的字幕時，任何的義正嚴詞也無法合理化糟蹋原創者的動作，更何況製作出的影片還能衝流量、賺人氣，進一步獲得商業上的廣告收入；把他人心血轉化成自身獲利，這已無關言論自由與否的討論範疇了。

再者，細數谷阿莫華人網路世界平台粉絲數相加超過千萬，其中大陸地區民眾更佔過半，每支影片上傳後觀看數動輒數十萬起跳，是以其影響力絕對不然小看，觀眾甚至堪比熱門電視節目；就其製作影片內容當然令大眾關心，這也是數天來紛紛有影像工作者跳出撻伐之因，谷阿莫所堅持的二次創作，到底新創在何處？而製作又在哪裡？令人不解。

如果把他人高額預算、精心製作的電影以剪輯縮短方式，硬生冠上評論就稱創作，那麼到底是鼓勵往後作者費心發表？還是坐等他人作品進行修改？身為教育工作者更當就此點進行抨擊，而非鼓勵助長此行為。

且說戲謔諷刺的二次創作，是建立在廣為周知的作品上運用幽默方式模仿、或致敬，以不侵權的前提進行。這種表達方式，國內也有表演工作者在進行，譬如「那群人」、「蔡阿嘎」等，往往透過自我表演方式，重新詮釋已廣為人知的廣告或歌曲 mv 等；既使成本不高，但產生的反差效果，更是會令人莞爾一笑，而相信這才符合李所長所提過往的案例，這才是基於影片基礎上再進行創作的實例。

今日谷阿莫事件，影評者不願接受這是同路人、而影像工作者更是撻伐其盜版行為，但為何就是沒有同業出來聲援？而換個角度想，如谷阿莫對自我評論充滿自信，影片內容為何不就如這兩天澄清說明影片般拍其個人，而非得盜用電影不可？種種顯示，這樣行為實不能與二次創作劃上等號，否則對於認真創作者才是種打擊！

最後，「X分鐘看完電影」系列影片雖然熱門，但絕對無法完整傳達原本作品之意涵，而電影更不只是淺碟的劇情大綱而已，否則說鐵達尼號是「一對戀人在遊輪撞冰山上的愛情故事」、阿凡達是「人類與納美人在土地開發與保存中的愛情故事」，簡單一語講完劇情，豈不更加省事？那麼奧斯卡或金馬獎也不需設最佳攝影、音樂、動作、原創劇本、改編劇本、特效、服裝、美術等獎項，越來越速食的時代，是否更應該鼓勵能深思的方向，而非一味追求快餐。

想起電影「哈拉瑪莉」中曾出現過的笑話，「八分鐘健身操一定會大賣，除非有另外一個產品誕生，那就是『七分鐘健身操』。」如果谷阿默行為可被鼓勵，那麼難保不會有兩分鐘看完電影、三十秒看完電影系列陸續誕生。但必須澄清，短影片並非就是不良，只要內容是原創，絕對值得觀眾用力捧場。

不需害怕諷刺、幽默的作品產生寒蟬效應而不被創作，筆者比較擔心如果法院判其無罪，以後沒人要拍電影、或是片商少進好片，這才會是我們世界的損失。

拋開意識形態、才能擁抱真正公共藝術

貴報於5/23日報導「公共藝術遭批、尿尿小童與嘉義何干」一文，嘉義市議員蔡文旭質詢尿尿小童等嘉義市公共藝術品與在地發展關聯不大、缺乏故事等語，筆者身為嘉義市前文化局局長，於2011-2013任職期間，也曾受過蔡議員質詢本題，當時即從生活、文化角度討論，真正的公共藝術，是賦予故事、而非帶著有色眼光挑惕。

首先，任何的公共藝術，都是由創作者從其創作角度做發展、延伸，可以是抽象、可以是具象、但完成後於在地環境的融入、和在地生活的關聯更是一個公共藝術的生命意義。

據考證，尿尿小童建於日據時代，是1935年舉辦【台灣博覽會】所留下來的產物，早已融入百年嘉義公園景象。早起運動的老人家、遠來的遊客都已熟悉可愛的小童屹立；換言之，這已變成嘉義公園代表，再也不是外來意象。

一個比所有議會議員年紀都大的公共藝術，竟被後來之人指責哪裡何干？這怎麼有點「乞丐趕廟公」之味道？

再者，放眼國際知名建築或藝術，建立時也無刻意與在地連結，但後續發展賦予的生命，更顯珍貴。

如同美國紐約自由女神像，也是法國設計師建成後運送到美國擺設，與紐約在地毫無關聯、艾菲爾鐵塔在建成前，也是建築師艾菲爾獨排眾議的產物，與當時普遍平房的巴黎城景格格不入；如今一者是紐約大蘋果的代表、一者為全世界最多參訪的名勝。

總總顯示，後續政府的規劃及作法，才是另一公共藝術或建築展現特色的關鍵。

而在黃敏惠市長任內規劃設置於嘉市中央噴水池的KANO吳明捷投手銅像，則被現任市府贊同這是與地方連結的在地元素，仍而相互矛盾的是，吳明捷所屬1930年代的嘉市、距今也不過87年，就是嘉義的在地象徵；而不過短少5年的尿尿小童，則變成缺乏關聯的外來品？這樣的標準又何在？

是以，問題其實並不出在公共藝術品、而是出在觀看者的意識形態，如果刻意忽略存在於在地時間，而僅以其出身來判定其是否為我族類，如連單純的建築、裝置都要區分你我、又怎麼能讓藝術品本身散發出文化的價值呢？

在近期社會上常有「去什麼化」的運動之時，背後隱含也是要去除與其意識形態不同之象徵，而換上友好代表。但難道不能政治歸政治、文化回歸文化嗎？拿尿尿小童開刀、實則是一筆斬斷了嘉義人過往80年的童年回憶。

嘉義市政府文化局當挺起腰桿、不畏議會壓力，更期待尿尿小童百週年之際，可以擴大宣傳辦理。更讓全台民眾知曉，不須出國也能看到充滿童趣、獨一無二的「百年露鳥俠」。

滿街娃娃機店的現象和隱憂

曾幾何時，突然大街小巷冒出許多娃娃機台店，而這些店家都有幾個特色，一是無人看顧、頂多幾台閉路電視監看，二是越是熱鬧地區或夜市，越能看到比鄰皆是的娃娃機店，三則為機台內待夾的商品除了傳統的絨毛娃娃以外，更多了人氣公仔、電子產品、五花八門，包羅萬象。說實在話，花個幾十塊零錢試試手氣屬人之常情，魅力大人小孩皆難擋，而且有些機台還配合電子聲響「加油~加油~」，看著娃娃被夾起彈跳入洞的快感更令不少人上癮。只是，這種一窩蜂的熱潮，是真有市場、還是會像蛋塔般迅速泡沫？

首先，據ptt論壇及媒體的報導，現在的娃娃機台店儼然已經成為規模經濟，有場主（店家場地提供者）、台主（單一娃娃機台負責人）的分工，而場主負責承租娃娃機店，並且購買娃娃機台安裝至店內，一台市價約三萬元左右，另外須於店內擺放一台兌幣機供民眾換錢，一台約市價一萬元；而台主則分別以一個月4500~5500元的代價向場主承租機台，機台內擺設的娃娃或公仔商品則由台主自行決定，當然擺設的東西越誘人、一定會越吸引玩家投幣試手氣，而機台的爪子鬆緊度（取決夾取商品的難易度）則由台主決定，總總過程，可說是台主與玩家掏錢遊玩的心理作戰。

而一些專業台主，本身可能也是愛好娃娃機的玩家，是以更能理解玩家們在遊玩機台時的心理，包括機台內陳列的商品是否為時下流行，像是海賊王公仔、行車記錄器、冰鎮杯、史黛拉兔等都是目前時下最夯；而擺設的位置更像是戰場中佈陣概念，有看似好夾卻暗藏玄機、也有感覺能一箭雙鵰實則投錢地獄，無論何種，無外乎想在眾多機台中脫穎而出獲得玩家關愛的眼神，吸引玩家用十元硬幣來把商品下架。

不過，從雨後春筍般的娃娃機台店的出現，背後的隱憂也應該被注意。

第一，實體商店的特色不見了。

當以往的小吃店、眼鏡行、理髮店、文具店等全都關門歇業，取而代之的是一家家娃娃機店時，無論是國外遊客來到台灣、或是長期居住在此的民眾，一定會有唏噓之感。雖說網路購物的興起讓許多實體店面衝擊，但轉型變成單調的娃娃機店，這無形當中也是對於民眾的損失。商機不再、也代表著經濟持續的不景氣。

第二，一例一休的人力成本上升，造成無人商店的興起。

因為政府於今年初強推一例一休政策，而卻又沒有良好配套，讓人力成本大增，許多小店不堪負荷，乾脆轉型為無人商店；娃娃機店不需店員恰好符合老闆需求。只要三不五時巡店補娃娃、硬幣，偶爾拿出手機監看店內畫面即可，但少了店面的人員，不就又造成社會上人力資源的浪費，一來一往之間，還是沒有發揮原本預計的效益。

第三，熱潮維持多久？誰又會是最後下車的人？

十多年前的蛋塔店、蛋捲店熱潮，也許某些朋友仍記憶猶新，短短幾個月內大街小巷都是蛋塔外送外賣，不說還以為來到澳門；結果不到半年時間，轉讓頂售認賠殺出更是不計其數，現在除了連鎖速食店，誰還賣著蛋塔？而現在娃娃機店是否也會步入後塵，還是維持長銷，當然誰也說不準。不過當越來越多人投入此行業時，泡沫化的機會也更為加速，畢竟夾娃娃機並非生活必需，市場能夠支撐多久多大，都是有待觀察。

許多年輕朋友可能會認為，一個月5000元左右就可以承租一台娃娃機台，圓一個自己當老闆的夢想，這樣十分划算。且聽認識的場主說，目前等待成為台主的人還是大排長龍。但是真的詢問下去，一個月扣除機台內商品價值，能損益平衡、甚至賺錢的台主有幾人呢？這是個無解謎題。而如果遇到清台的高手，恐怕也是不得不考慮的風險之一。

最後，台灣人做生意的熱情和創意，應該是在街頭巷尾發光發熱的展現，如果因為市場萎縮、經濟低迷，而讓機械手臂、冰冷娃娃取而代之，那台灣最美的人民風景，豈不也是大打折扣。是以真心希望別讓劣幣驅逐良幣，而娃娃機店雖熱鬧，但各具特色的商店更值得社會上擁有！

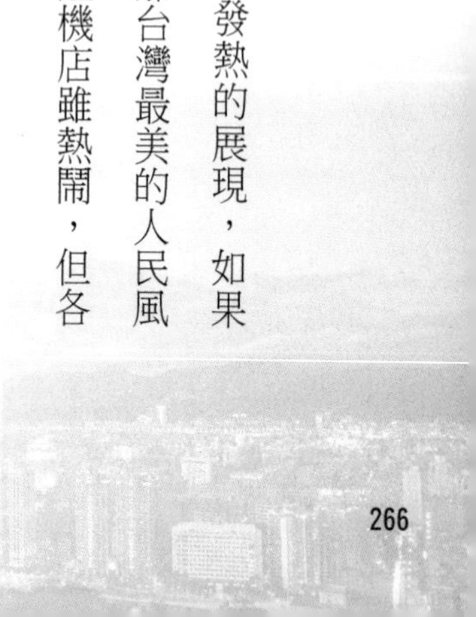

誰都不該為記錄讓孩童憋尿挨餓

本週媒體報導「嘉市拼金氏紀錄、學童憋尿餓肚」，著實讓大眾看見地方政府辦活動、為了討好高層卻不顧學童死活好大喜功的惡狀，這種讓五百學童冒著寒風為破紀錄而受寒挨餓就算破了紀錄會值得歌頌嗎？恰巧是筆者曾服務過的嘉義市政府活動，更是難以接收。這樣的為破紀錄而破紀錄的活動，除了增加少棒選手們壓力，也讓遠道而來的選手吹風挨餓，還有什麼可取之處？難怪嘉義市涂市長民調低迷，其來有自。

首先，過去各地政府皆有辦過類似破金氏紀錄活動，而因為有跟在地連結，所以能維持好名聲、也讓地方民眾樂於贊助參與、共襄盛舉！但本次嘉義傳接球一來過去未曾執行、二來少棒球員著重開心打球，讓孩童於寒風中背負壓力創紀錄，難道就能「台灣南波萬（no.1）」？一味地追求破紀錄而不考慮合適度，又怎能凸顯地方特色呢？

且即便本次五百人傳接球成功，那下次能不能有 550 人？600 人？短暫當個一年紀錄保持者，這樣又能傳達何種意義！真要比人數，那不是人數多的國家佔優勢？再者所謂多人挑戰，就是注重平日的團隊練習、默契配合，然後計算日當下破了紀錄後眾人擁抱歡呼，這是團隊精神的展現！然而本次記錄隊伍與隊伍間誰也不認識，即便挑戰成功，可能僅成為市長作秀大合照的舞台，又能給小選手們上到什麼寶貴的一課呢？

再者，「破金氏紀錄」的活動操作想法早在黃敏惠市長任內舉辦，2014 年也曾有「破金氏紀錄」的最大雞肉飯，筆者當時雖已離開嘉義市府，但看到新聞報導還是能產生連結，畢竟雞肉飯之於嘉義、如同肉圓之於彰化、貢丸之於新竹，是地方在地美食、也能創造後續經濟效應；無論最終破紀錄與否，如果不能讓來參與者感受在地精神，就不是一個成功的活動，因為活動的細膩及令人印象深刻和流連忘返才應該是關鍵！只問一句，如果讓外國選手對嘉義只留下餓肚憋尿印象，下次他們還想再來嗎？

無論是20年的諸羅山盃少棒賽、或是從未間斷過的26屆國際管樂節，讓活動一年比一年盛大的關鍵不是市政府、也不是哪個政黨，而是所有共襄盛舉的參與者。而能夠參與其中辦理是一種榮耀，千萬不要成為只想為政績作秀的場合。不可諱言，明年2018縣市長選舉是個關鍵，否則怎會涂市長剛上任刪減管樂節等活動預算、但到關鍵選舉年又大張旗鼓「破紀錄」？變化的到底是活動的本質、還是上位者想沾光的心情？

最後，看到最後掉球失誤而難過落淚的小選手，自責地成為「全場罪人」，要跟所有小球員勉勵，在寒風中能堅持站到最後，展現出的運動家精神，你們都已經是全場的贏家，「別因此討厭棒球」！而如今因為失誤飆淚而登上版面，真正的罪人，是那個讓你們挨餓吹風，為了博媒體版面的大人！

從跨年卡司看兩岸藝人影響力的消長危機（上）

跨完年，2018年到來，轉眼間又是一個新局面的開始。不過各位朋友有注意到嗎？曾幾何時，台灣的跨年晚會卡司已經遠遠落後大陸，而且今年更有某大陸衛視台打出「一台抵一台」的卡司噱頭，意即「一個綜藝台抵得過一個台灣的藝人卡司」，這樣的情況反映出什麼問題？

首先，跨年晚會算是近二十年來兩岸共同都會有的慶祝活動，而全球主要大城市當然更早，不過隨著近二十年來衛星轉播、網路的發達，讓世界各地的民眾慢慢的可以在一天內看到不同時區的大城市慶祝跨年的方式，進而也會互相影響和學習。

西方最有名的當然非世界首都紐約市時代廣場跨年莫屬，但與東方較不相同之處在於紐約時代廣場跨年非但沒有大牌藝人演唱，甚至連像樣點的舞台也沒有搭設。純粹是在寒風中（常常是零下）數十萬民眾與建築物內參與者一同等待，聽著重複播放的歌曲，然後在紙花、低空煙火中互相道別舊年、邁向今年。

有些人說紐約時代廣場跨年是「說什麼也要來一次、而來過後說什麼也不要再第二次。」想必是挨餓、受凍、憋尿，真的怕了。

扯遠了，拉回來！東方的跨年晚會，尤其是大陸各城市也陸續經濟起飛後，變成互比大牌的藝人表演秀。各城市間除了比經費、比煙火數、比參與人數、比轉播頻道，當然更重要的就是要比藝人卡司，還要著重倒數階段是誰來共同慶祝。而這一切，都變成重要的藝人互比大小牌的一翻兩瞪眼時刻。

筆者曾於嘉義市政府擔任過文化局局長，曾承辦過兩次跨年晚會的活動，公正公開的遴選承辦廠商時，最重要的往往不是舞台設計（基本上都差不多，除非像

2013年嘉義市360度的噴水池跨年晚會。）也不會是煙火數量（除非像今年空汙嚴重，突然煙火變成首惡，沒人敢放。）而是廠商提出的藝人名單。嘉義市吃虧的點是在屬於省轄市，跨年預算難與直轄市相比，且現場參與人數限制，招標廠商難以再轉賣廣告，是以能吸引到的藝人卡司也就相對薄弱。

再者，能否方便趕場也是重要考量點之一，要知道，一個晚上的跨年活動，從晚上七點到至少十二點過後（否則怎麼能稱為「跨年」），大牌藝人趕個兩場至三場算是客氣，且全台各地都有跨年晚會的情況下，一方面藝人也樂得多接幾場賺些外快；另一方面，承接表演的廠商也會透過人情來商請紅牌藝人多趕兩場，誠如前段所說，一個紅牌藝人往往就是廠商能否順利得標該縣市跨年晚會的關鍵，是以就像打牌，這張關鍵的「黑桃二」一定要好好使用。

而因為近年來兩岸的市場規模關係，藝人卡司更是此消彼長急速傾斜。傳出大陸湖南衛視台開給台灣天后蔡依林的價碼高達千萬台幣，且只是三首歌的演出，除了讓天后荷包賺飽飽、又能獲得更多觀眾的觀看（包括現場及電視機前觀眾，還有網路直播或影片）、更重要的是不需要趕場，能夠把表演及舞群安排最好，從頭到尾精彩演出。這點，反觀我國本次的跨年藝人演出，價碼無法比、表演內容或精彩程度，也就少了那麼些令人驚豔的過程了。

而更深入的來看，今年跨年晚會也反映出一個令人擔憂的現象，請各位讀者現在仔細想想，台灣最後一次產出足以橫跨全亞洲華人市場的偶像明星為何？因為藝人、偶像明星、或是一首家喻戶曉的歌曲，背後的意義代表文化被接受度及文化的強勢，就像好萊塢電影的強勢輸出，造就了美國文化的壯大，這點是不爭的事實。

而現在檯面上能點出名的台灣一線藝人，幾乎都是西元2000年前後出道的歌手，張惠妹、1996；五月天、1998；蔡依林、1999；周杰倫、2000；SHE、2001；羅志祥單飛、2003。而後，在2006年左右還有一波星光大道熱潮所造就的藝人，包括：蕭敬騰、2007；林宥嘉、2007。

當然，如果沒有羅列到你/妳喜愛的歌手，請別介意，本文不是要戰偶像！也不是要戰本土非本土，我也很愛玖壹壹。本文主要想探討，為何這樣等級的藝人，在跨年時刻選擇的是對岸的衛視台？而非留在家鄉表演。除了表演酬勞比不上對岸外，還有其他理由嗎？更重要的一個問題是，為什麼從 2007～2018 年，台灣就沒有再出現這種天王天后巨星等級的藝人？我不想貴古賤今地認為過往人天資英明、現在無人可比，但沒有這樣等級藝人持續出現是事實，而難道台灣的文化輸出能力，也已經在吃老本了嗎？

這些，現階段的我沒有肯定答案，但我想請所有關心這個議題的朋友一起來發想。到底，這個問題出在哪裡？

從跨年卡司看兩岸藝人影響力危機（下）

上週針對兩岸跨年晚會藝人卡司寫了篇評論，受到眾多網友討論，而台灣藝術大學廣播電視學系賴祥蔚教授也於1／17發表大作「台灣演藝人才的斷層危機」來呼應相關議題，在在都是為了台灣的影響力日漸式微而擔憂。關心此議題者眾，是以更期待能以理性的態度共商討論，別再事事遇中國就反，這種態度絕對不是有自信的表現。

上週評論最後留下幾個問題，而其中直接的問，「台灣的文化輸出能力，也已經在吃老本了嗎？」很顯然地，依照現況，這是個肯定的答案。文化有許多，雖然本文主要探討流行文化，但其餘部分不也是如此？

從 2007 年之後，再也沒有出現過能讓全華人市場都買單的台灣歌手，換句話說，現在念出名號的所謂天王天后，幾乎都是 2000 年前後出現者；而要問現在台灣大學生愛聽的歌曲有誰，薛之謙、李榮浩等大陸歌手榜上有名，更別提前兩年「小蘋果」這首洗腦神曲紅遍台灣，當年度尾牙幾乎每場必跳，這代表著文化輸出度已經轉向的被接受了。

當現在台灣新人歌手都無法自信的說，未來能夠像周杰倫一樣，只要有華人的地方、就會至少有人會聽、會哼、會唱周杰倫的歌？要知道，在異鄉求學時的華人同學，也許來自不同國家，但周杰倫是我們共同的語言。而這樣的軟實力，就是結合妳我的能力。

當台灣失去再創造一個周杰倫、張惠妹、SHE 的機會和環境，當我們的一線歌手都只能在對岸的大製作節目看到時，這樣的虹吸效益，我們還能假裝沒看到多久？

再者，大陸市場越趨強大，電視節目製作費用、廠商廣告贊助、製作企劃靈活，更看得出已經在領導流行與話題，從這幾年的「嘻哈」、「好聲音」、「歌手」系列，每每創造不可能的天王天后火花組合，或是導師的價碼不斷翻高，能玩的花樣太多、能吸引的目光太廣、能引領的話題太強；這樣，又怎麼能不正視問題呢？

筆者不是吹捧對岸經濟實力，而更是希望台灣能自立自強的推陳出新，唯有正視問題才能進一步解決問題。如果只一味地用「愛台灣」來拒絕交流、掩蓋問題，這無疑是駝鳥埋頭的自我安慰，台灣，真的沒有太多時間可以再浪費。

羅馬不是一天造成，冰凍三尺當然也非一日之寒；不要自我設限政治意識形態，而有幾件事是可以共同推動。

第一，政府應該盡力創造兩岸共同打造一個市場機會，讓台灣的人才能夠更接近賺取對岸市場的生意機會。互相開放、互通有無，過去服貿協議時在野黨的杯葛導致最後無法簽署，讓機會稍縱即逝，如今回頭再看，這漸行漸遠的差距又有誰能彌補？是以現在的民進黨政府應當盡力創造有未來的互動。做不到，就是在箝制台灣的生機。

再者，台灣企業應有認知，團結一致。面對亞洲、甚至是全世界的市場，觀眾人數已經不再是過去 2300 萬人的思考，而是相互整合資源，成為一個台灣隊來打市場，近來看到筆者友人整合邀請政府投融資代表、創投業者、群眾募資、影音平台、新創製作團隊等不同面向專業人士，共組「新媒體暨影視音發展協會」，這是值得肯定和鼓勵的開端。更代表著未來不是只專做一個環節就好，而是在開發初端，已經想到後續發行、通路、市場、資金等多面向，上中下游完整，才有一加一大於二的效果。

最後，由衷相信台灣的軟實力其實從未消失，而能夠江山代有才人出更是我輩期待，也許未來的幾年仍須從對岸的跨年節目上看台灣藝人精彩演出，但如果都能有源源不絕的台灣藝人持續攻佔全球華人目光，這又未嘗不是另類台灣奇蹟呢？能讓全球華人都哼唱的台灣流行歌曲，這不也是另類的反攻大陸嗎？

最令台灣人厭惡「踩話頭」的政治語言

「踩話頭」源自臺語，台語稱「在請託、評論之前」的話引子為「話頭」，在對方提起話頭的時候，自己這一方講好聽話佔有利位置或把對方歸類惡意，稱為「踏話頭」。如果以國語來解釋，則有點先發制人、先搶佔制高點的意味。若是運用在辯論比賽、商業銷售上，這樣的技巧如同設局請君入甕、為達目標無可厚非，然如運用在政治語言上，尤其是由政治人物嘴中說出，則難免不甚厚道、甚至有可能造成反感效果。

羅列政治上的「踩話頭」話術，搓破那些禁不起檢驗的政治語言！

首先，「這就是愛台灣啦」就是個十足陳水扁執政時的踩話頭話術，舉凡過往民進黨有任何發言，大小型造勢活動，要場面熱鬧，每位發言者無論講什麼，最後結尾一定要帶一句「這就是愛台灣啦！」馬上引起共鳴，此話厲害之處在於只要跟我方講的不一致的論點，就不是愛台灣。但激情過後仔細回想，到底陳水扁八年執政所作所為是「愛台」還是「害台」，高下立判。

而後「愛台灣」還可以有變形，譬如最近蔡英文所拋出的「台灣價值」，不也是另一種愛台變形話術？無論講什麼論點，最後只要補一句「這就是台灣價值」，立馬糞土變黃金；但觀點人人皆有不同，何以你的就是台灣價值、我就不是？說到底，這也是個踩話頭的低級話術。

「我是人我反核」也有異曲同工之妙，當初喊得震天乍響的口號，其最大殺傷力在於其實人人都是人，但為何人就一定要反核？不反核的就不是人？這種沒有邏輯、只有立場的話術，在野時可以湊合著用，但是執政易地而處後，核電機組持續運轉、空氣污染日益嚴重，原來當初的「人」，如今都已「不是人」，這樣話術當然也就不攻自破。

還有柯文哲也算是「踩話頭」的佼佼者，綜看三年前初當選時，講到大巨蛋言必稱「弊案」，不斷羅織罪名給遠雄集團，一會說其喝得醉醺醺來談判、一會又說絕對公開透明行程，不會跟過去一樣。但自從去年六月被議會戳破謊言，私下與遠雄集團會面或派人傳遞訊息多達八次之多，如今，台北市民大概已分不清大巨蛋目前到底復工與否、而當初的「弊案」，如今也像關警閉般變成柯

市府絕口不提的「閉案」了。

上上週柯文哲與段宜康之亂，柯市長又再展現一次厲害的「踩話頭」功力，一句「我討厭傳統政治人物」，馬上分開你我，段是傳統、就暗示柯是現代；說別人很容易、但反過來檢驗自己，則就難如登天。

台語歌曲「為錢賭生命」其中有段歌詞「有錢人說話大聲、凡事都佔贏。」政治人物就是社會階層上某種特定的「有錢人」，如果說話已經大聲了，凡事都還要踩話頭的佔贏，只會越來越增加民眾的反感。畢竟，現在網路時代，凡走過必留下痕跡、凡說過必讓人記憶！

政治，不能少了人性。

在反年改抗議中受傷的繆德生上校不幸於上週辭世，即便可能您的政治理念與他不同，人死為大，對於他的離開，節哀且無須多言。然而，卻見有綠黨年輕議員於臉書上公開發言寫著「800-1 = 799」的冷血字眼，事後還持續主動留言嘲諷「這是數學算式」、「我有算錯嗎」等，一位不到三十歲的綠黨議員做此發言，除了感嘆社會教育的失敗，更要公開向有心從事政治這條路者言，「政治、不能少了人性！」

政治，是公眾之事，服務對象是「人」，所以無論政治立場有何不同，但身為人的價值和道德標準都不應該抹煞，這也是最基本的原則。什麼是人的價值和道德標準？「人」等同「仁」，仁就是「己所不欲、勿施於人」，自己不希望受到待遇、就別在別人傷口上灑鹽。

今天無論是這位議員想紅過了頭？還是年底選戰危及炒新聞？又或對於軍公教有不共載天之仇？但不管何種理由，開宗明義已講，「死者為大」，任何的嘲諷、揶揄都不必要，尤其是要為民服務的議員代表，發言更是媒體注目焦點，多說一句，只會引起報導，當口說要撫平對立、卻淨做些激化衝突之事，實在對不起當初投票給你的選民。

政治缺少人性，就會被社會唾棄，這點絕對不分藍綠。譬如說 2008 年的教育部主秘莊國榮，眼見當時馬英九選總統氣勢如虹，卻在造勢場合污衊已離開的馬鶴凌先生，還造謠不當關係。此話一出，不但讓民進黨總統候選人謝長廷連忙道歉，連綠營支持者都有人私下抱怨，「沒事幹嘛扯到先人？」台灣人的善良厚道之情蕩然無存，也無怪乎最後台灣頭輸到台灣尾，大輸將近 220 萬票。

即將代表綠營參選宜蘭縣長的陳歐珀也曾於 2014 年馬總統母親喪禮時鬧場，除了即刻被民進黨團神切割並予以譴責外，更激起全民公憤，讓陳委員不得不於第二天出面慎重道歉。政治操作再怎麼心狠手辣，最基本的人性總是要有，陳歐珀鬧場這事已經說明，這恐怕不是一位可以「人飢己飢、人溺己溺」的合適首長人選。

228 當天慈湖蔣中正陵寢遭受獨派人士潑紅漆事件引起社會軒然大波，且後續直到今日，演變成相互都有情緒性的動作對立，原因何在？過往也曾有過破壞銅像行為，但為何都沒像此次反應激烈？道理也是因為陵寢是先人長眠之處，無論過往功過如何，當先人已長眠於此，獨派眾人還侵門踏戶踩踏喧嘩、又手持紅漆潑灑，如果換作是自己祖先墓園被如此糟蹋，相信任何一位台灣人都沒辦法接受，更何況

是對已故先總統？是以往後的一切撕裂和紛爭，就是從獨派人士這次缺乏人性的政治動作點燃。

最後，即便筆者身為國民黨發言人，在野黨責任監督政府天經地義，但自上週六，三月三日起，以身作則於所有公開發言皆不提及總統，因其正於母喪期間，這樣錐心刺骨的痛絕非筆墨能形容，即便政治立場理念與之不同，仍以不打擾為最高原則，願其保重節哀。

政治，其實就是生活的延伸。要過什麼樣的生活，就從我們選擇什麼樣的政治人物開始；且政治路長長久久，時間永遠會是檢視一位政治工作者是否合格的最好工具，台灣話說得好「要留一些給別人探聽」，所以一言一行、都須謹而為之；政治，不能缺乏人性，而人性的光輝，也往往來自「律己律人」的那一面。

與所有政治工作者，共勉之。

假新聞要關三天，那假敵人呢？

趕在七月一日前年金改革方案上路，但要寄出的通知書卻發生姓名錯、級職錯、地址錯的連環錯誤，當外界質疑是否過於倉促上路所以連再次確認時間都沒有時，卻於此時傳出「陰謀論」，質疑有內鬼刻意破壞造成混亂。又一次的，看到了蔡英文政府創造出「假敵人」來轉移焦點；這次，不知道最後倒霉的會是哪個基層人員？

回顧一下歷史，外交部製作新式護照內頁誤植美國機場，出了大包推給承辦人員，對外宣稱是設計公司參考、非誤植，浪費一億六千萬；去年八月815大跳電，影響全台三分之一區域用電，甚至總統府附近博愛特區也緊急限電，事後追查是某基層工程人員不小心誤觸開關，造成機組停擺，影響全台、無預警的跳電造成損失更從數億到數十億計算不等。簡要來說，要讓全台民眾生活停擺，要影響政府運作失常，原來只需要為基層人員「搞鬼」一下。

真的一位基層人員就可以搞到全台灣失衡？他是詹姆士龐德？傑森包恩？還是伊森韓特？恐怕這些頭號特務，面對民進黨政府也要自歎不如。

平心來看，一切都源頭難道不是上頭政治施壓之應然嗎？這根本不是意外，而是政治算計下的人禍。

因為喊出「非核家園」，造成用電備載容量低，因而一機組停擺則整體用電失衡；製作護照因為不肯承認錯誤，所以第一時間回應就錯，卻一再將錯就錯，終造成不可挽的困境；因為要趕在七月一日年改上路，想快刀斬亂麻地避免影響到年底民進黨縣市長選情，是以六月中才通過的法案，不到兩週工作天要印製、清查、寄發、通知所有被年改影響的人員，工程之大可想而知。所以出錯不是意外，而是時間及政治壓力下的應然結果。

如同把一條橡皮筋左右拉拒繃得老緊，斷裂變成是早晚問題，取決僅在何時該橡皮筋彈性疲乏；一樣的道理，用政治思維來操弄國家，把整個政府運作壓縮極致，出錯變成不可抗力之因素，所以五萬多份通知書會印刷錯誤，其責任根本不應該放在任何一位基層員工身上，相反的，民進黨的高官們應該捫心自問，為什麼操作如此牽連甚廣的議題，動作都可以如此粗糙？

而更值得關注的是，出了事的結果都被引導是有人從中「破壞」，好像管理不良是社會的錯，跟管理者沒有關係？所以跳電是因為某個工程師的錯、護照是某個設計師的錯、這次年改通知出包，更是某個不知名的內鬼所害。怎麼民進黨執政後，突然我們國家的公務人員個個都像頂尖特務、專搞破壞，而且越基層、越厲害？

佛印與蘇軾的較量故事聽過吧！「心中有佛、眾人皆佛」，後兩句過於粗鄙我就不做引述，但意思就是當這個政府把軍公教都當成是敵人、是貪婪、是黨國餘孽時，所以什麼事情都能無限

上綱的認為被害，這種被害妄想症只怕病入膏肓、難以醫治。

執政黨的立委說「假新聞關三天」，造成人心惶惶，以為戒嚴重啟、警總復辟；人民更想問現在這個政府那如果是政府所創造的假敵人呢？三週一小搞、五週一大搞，這樣還需要真敵人嗎？再說即便蔡政府在兩岸關係處理上一直宣稱沒有挑釁，但是拿簡體字嗆聲、對著媒體說號召共同抵制中國（結果還沒人附和？），種種行為把對岸當成張牙舞爪的魔鬼，換個臉賴清德又張開雙手說「歡迎中國大陸的旅客來台」。到底是人民錯亂還是蔡政府的精神分裂呢？

心中沒有敵人，就不會有真敵人；只有特定目的者，才會樹立假敵人要轉移焦點，現在已經不是中古世紀要獵女巫來鞏固當權者權力，蔡政府可以做些正事，別再玩這些把戲了好嗎？

是說假新聞要關三天，那造假敵人呢？關不起來，就用選票淘汰吧！

2018年選舉決勝三戰場

放眼距離四個多月的地方縣市長及議員選戰，藍綠陣營皆已就位，選舉決戰最終也將聚焦三戰場，這三面向，後續發展將會左右整體選情發酵。

民進黨中央執政包袱是「載舟水」還是「覆舟浪」？

在今年520蔡英文就職兩週年前夕，民進黨用其臉書粉絲專頁一連推出五系列名為「國民黨做不到，我們做到了」的文宣廣告，內容從幾大面向訴求過去兩年民進黨上任後的改革，反酸馬政府過去八年沒做不到；但馬上遭網友及國民黨以「民進黨做了這些事，我們真的做不到」列出過去兩年違反民主、物價上漲、政策反覆、年金改革大反彈等事件來反制。

持平而論，兩方各自訴求己方支持者，在文宣戰上總有開源或是節流的思考方向，此鞏固基本盤的方式，明顯屬於節流思考穩定支持者的心態。

但2014年的國民黨縣市首長大敗，尤其是從台北市外溢效應連帶波及其他縣市，中央執政不力的包袱一直是眾人心中之痛。而蔡英文政府上任兩年多，施政卻像第二任期一樣有氣無力、力不從心，2018年此負擔將變成綠營縣市長共同承擔，中央執政問題到底嚴不嚴重？從本週走馬換將把內閣轉型為選舉團隊即可略知一二，這是執政黨不得不面對的艱困考題。

大膽預測，今年民進黨22縣市長及議員選戰，與蔡英文合照的大型看板數量將會遠遜於賴清德和陳菊，聞英文色變又唯恐避之不及，將是今年底普遍的綠營反應。

雙北的外溢效應？

雙北擁有近全台灣三分之一的人口，且是整體的政經中心，光一個颱風假放與不放即可引起全國討論，完全忽略了同時放假的仍有北部其餘五縣市，意思就是雙北選戰仍佔七成以上的整體選舉聲量。

在此前提下，國民兩黨將全力搶勝，而台北市仍有無黨的柯文哲變數，雖然目前民進黨於台北市已經自提姚文智參選，但在聲量遠遠遜色柯、丁兩人的同時，很難令人不禁懷疑，姚文智真的會登記參選嗎？有可能參選打到最後嗎？而在看綠營其餘的縣市長候選人對於柯文哲仍是友善對待、不曾口出惡言，就是看準柯在全國擁有的知名度以及網路上的龐大聲量，最明顯的例子就是一河之隔的綠營新北市長參選人蘇貞昌，在多次面對媒體詢問時並無全力支持姚文智之感，閃避尷尬、害怕拖累，不言可喻。

國民黨的目前被外界說指稱的隱憂在於首都選將丁守中被椰榆是佛系競選，意指外界尚未看到大動作造勢、起跑，其實就內部了解，丁守中早已鴨子划水跑過一次又一次的台北12行政區域，且針對地區性議題做足功課，配合當地議員推出有效施政承諾。

在資源有限、而選戰花費龐大情形下，越晚啟動大型造勢，對於挑戰者的丁守中來說越顯有利；當然此政策是否奏效，有待時間越近、越能觀察。

雙北選戰的氣勢國民兩黨都該搶攻，至少拿下雙北，可說此次選戰勝負已定，且2020的總統大選將更會因此受影響，無怪乎台中市長林佳龍日前受訪也說「民進黨雙北輸將是骨牌效應而非鐘擺。」骨牌一推，後續應聲接連倒地。

三中案、促轉條例、黨產議題激化藍綠對決？

從民進黨政府上台後，運用國家公器來對付政敵方式從來沒少過，從黨產條例、促轉條例等，無一不是項莊舞劍、意在沛公；美其名正義，實則不然。

而本週北檢起訴馬英九更是開啟了往後漫長的司法訴訟，但當事人是馬英九，則藍營將陷入持續辯護、挨打的局面，「沒做的事往往最難證明」，因為沒做，要拿什麼證明沒有？而現在起訴書洋洋灑灑七百多頁，只需給外界印象是罪證豐碩，最終真正定罪與否，還是要留待法官認定。但可預想是往後每次開庭，都會是一次政論節目風向的烏賊戰，而即便之後法院還給馬英九清白，但他擔任綠營提款機的角色仍揮之不去，這點也需要藍營思考反制策略，而非一味挨打。

而無論之後任何選戰，都還是不脫被惡意操弄的去蔣、去中議題，到底此選戰策略能夠持續多久，就看台灣人民有多大智慧，何時能看穿這些假議題，只是特定政治目的者把玩的廉價戰術。

總之，今年底的選戰雙方陣營已擺開陣仗，而即將進入白熱化的選情，上述的三個面向，誰能多加分、少失血，誰就有辦法在此次選戰成為楚漢相爭中笑到最後的勝者。

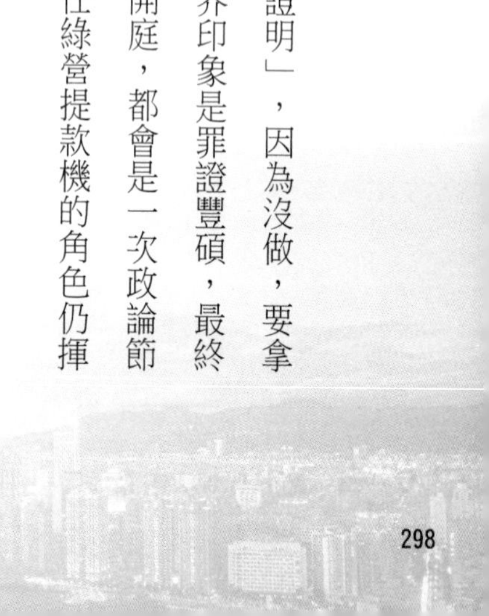

史上最離譜的駐日代表謝長廷

如果現在發起個投票，票選蔡英文政府最不適任閣員，把駐外代表也納入票選的話，駐日代表謝長廷恐怕沒有第一、也有前三，說是史上最離譜駐日代表，應是當之無愧。

很少一位駐外代表能夠如此家喻戶曉，畢竟過去那麼多位駐日代表，除了謝長廷之外有誰還能被記憶著？

而通常被記憶只有兩種可能，做好、或是做差，謝長廷卻能走出自己的第三條路，把駐日代表當成助日代表，這就更令人歎為觀止。

就說這次日本颱風造成水災，去吵大陸派出接駁車而台灣沒有，意義已經不大。因為各大平台上早已把相關新聞說得清楚，且此事是先從台灣人使用的批踢踢上網友留言討論起，要再把批踢踢的網友也當成對岸網軍造謠或是空穴來風，頭埋沙堆的鴕鳥也要自歎不如。

所以討論的重點應該是，我們的駐日代表處到底有沒有敏感度或預料，可能在颱風天裡會有台灣旅客需要緊急協助？又有沒有預先做好計畫，當有台人求助時能夠分 abc 等方案告知該如何處理？這，才是一個駐外代表處應該的角色，不是嗎？

很可惜的，這一次、也許之前的每次天災都，沒有準備！從哪裡看得出？就從謝長廷個人臉書即知道。在颱風最嚴重肆虐的九月五日，當台籍旅客及數千名遊客被困在機場時，同時間的謝長廷正在臉書張貼兩段發文，一段是與外賓把手言歡照、另一段則是隔空批評在野黨的言論，（被點名的對象正好是區區在下。）

一個數百台灣旅客被困在機場無法動彈之時，駐日代表忙著在家發臉書罵國內的在野黨，這是何等的麻木和平行時空？等安穩睡一覺後的隔天，驚覺事態嚴重，才開始發文關心，這樣的掉以輕心、這樣的事不關己，「說離譜，只是剛好而已！」

今天台灣旅客前往日本，無論自助或跟團，除非必要，我想沒有人會無聊沒事打電話或到代表處探訪，因此當真有聯繫代表處之時，就是急迫需要協助之刻；但本次網友親身經歷是得到代表處冷回「請問這個我能幫你什麼？」「你要住哪裡是你們的選擇，我要怎麼幫你找住宿？」就表示代表處根本沒預想過有國人會有臨時

無處可居的需求，所以手上沒有任何預備計畫，當然就說不出能幫什麼忙了。

別說日本，就連台灣比較具規模的遊客中心都會預留周遭旅店聯繫電話以備而不用，一個花我國納稅人費用所設立的駐外使館，又有什麼資格認為國人的求援電話只是找碴呢？

換個角度想，我還是相信著，能夠在我國駐外單位服務的第一線公務人員，都是十分優秀且熱忱，尤其是我國國際處境不容易，更有賴在前線作戰的所有辛苦人員。可惜的是，公務人員最會有樣學樣、沒樣自己想，當看到代表處的頭是每天臉書上發文筆戰，明明已經執政兩年多卻還在檢討在野黨，那麼下面同仁渙散、沒有一點同理心與警覺性，也就解釋得通了。

無論從要求開放日本核食進口、漁民權益維護、乃至於近期針對台灣慰安婦阿嬤的真相及道歉，謝長廷總與國人主流民意站在相反方向，所謂民氣可用，謝長廷其實大可強硬地向日方表達抗議、捍衛到底，因為有強大民意當其依靠；仍而每每反向強調日本官方立場，駐守日本變成幫助日本，這就讓人更加錯亂。

謝長廷每年領取中華民國政府薪資約588萬，且還未包括教育補助、津貼，再把配車、秘書等人員薪資加上，等於每個月花費國人60萬納稅錢在供養，如今一個水災讓謝長廷離譜行徑再添一樁，告訴我，國內詐騙猖狂，不知道有沒有哪條法令，可以讓人民告發政務官詐領薪水？

立院諸公們，設立個「不當薪資收取委員會」吧，保證業績滿慢，第一個被舉發的對象就是這個離譜至極的「助」日代表謝長廷。

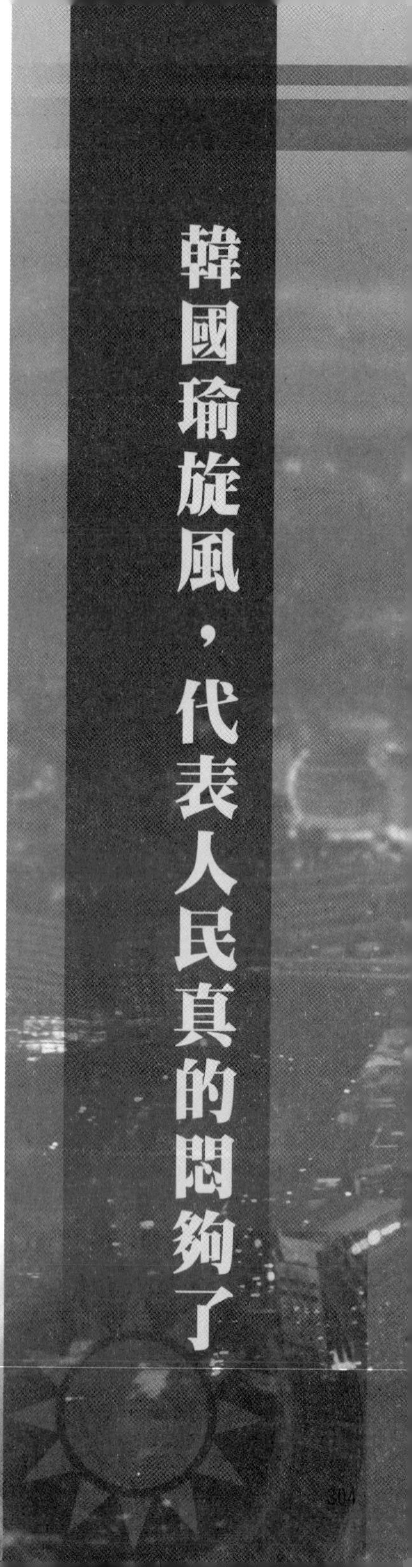

韓國瑜旋風，代表人民真的悶夠了

期待韓國瑜旋風，因為星星之火，才正在開始燃燒。

這不只國民黨期待，民進黨也該謹惕，全台灣不分黨派民眾更該注意。韓國瑜刮起的旋風，才正要開始。

這是一股什麼樣的力量？也許有些綠營的人還摸不透，明明南部那麼綠，南霸天花媽治軍嚴謹，順者要五毛給一塊、逆者就祝你闔家平安，這樣的高壓統治，怎麼會翻盤？

陳其邁現在大概也納悶，不是初選頭過身就過？怎麼現在是五五波。而且韓國瑜的動能看起來沒有停止，過去一段時間冷處理的網路、媒體，如今要冷灶重燃，這比新起爐灶更加困難。

電視裡口沫橫飛的名嘴更加傻眼，當初講得飽滿的高雄穩當，如今卻變成伯仲之間，這要怎麼圓過去說過的話？更有人信誓旦旦說絕對不會翻盤，這些人，大概太久沒有下去南部走走了。

有一股氣氛已經在瀰漫，那是一種想要「改變」的氣氛。

如同 2008 年美國首位黑人總統歐巴馬提出的口號，只有一個，簡單明瞭，卻強而有力。「change！

新聞面對面
NEWS
FACE
韓國瑜是點出一個問題
選戰倒數46天
港都！10綠委組高雄隊！還能攻破韓國瑜空戰優勢？

（改變）」

改變什麼？改變過去二十年來高雄都是一黨獨大的情況；改變總以悲情訴求訴諸民眾卻少於談論願景的現況；更要改變過去二十年老狗變不出新把戲的高雄悶經濟。真的，過去太悶了。

而韓國瑜的出線，其實也能代表三個含義。第一，代表台灣民主真正成熟。過去常講一個民主的國家或城市，政黨輪替越多次越能代表選民跳脫政黨，真正做到選賢與能；高雄市自從94年直選之後，僅輪替一次，連總統都能輪替三次的今天，高雄顯然還能進步。輪替，代表選賢與能，也代表真正的民主成熟。

第二，這是給錯誤路線的教訓。今日不只是在野的國民黨批評蔡英文政府，還有更多過去與民進黨同路、如今卻跳出來批評蔡政府的綠營同志，包括呂秀蓮、林國慶等人，公開呼籲不應該繼續傲慢下去，這早已背離過去民進黨的創黨精神，而更多的是無黨派的中間選民，誰能給我好生活，我就支持誰。那麼過去兩年多的時間，生活有變得好嗎？如果沒有，為何還要無條件支持民進黨？

所以這次的縣市長選戰，也可以視為對蔡英文政府的不信任投票。

第三，這是對未來城市可能的想像。今天韓國瑜會脫穎而出，成為媒體寵兒，除了批評一針見血外，更重要是他能以庶民的語言講出繁雜的政策。觀光醫療、離島開發、雙語教學等，不再用空洞的教條式宣傳，而是以簡單的形容來傳達對未來對想像，引來綠營立委九位一字排開攻擊，以為是在打壓韓國瑜政見，但實際上卻是更加油添柴地讓政見更被討論，反而邊緣化了陳其邁的能見度。

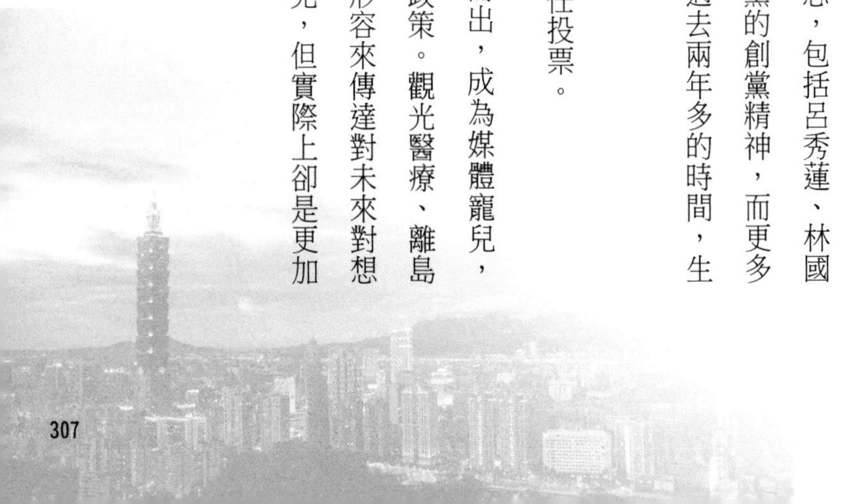

要知道，任何一個政策其實沒有對錯，就是選擇。要老人福利、就會排擠預算員額；要發展觀光，就會犧牲小鎮寧靜；要擁抱綠能，就必須負擔高成本發電。沒有一個政策能夠又便宜又好、又右派也左派的，所以當韓國瑜提出旗津離島條例，可以討論未來能不能有博弈進入；在學校集中學習雙語，但母語在家學也能增進親子感情；觀光醫療更是把價目表名列，讓外國遊客不擔心被當肥羊宰。真理可以越辯越明、政策也是，當整場高雄選戰都把韓國瑜政策從上到下給討論一番時，無形當中，就是陳其邁又被徹底忽略一遍了。

而最後，我僅以兩個我觀察到的小故事來分享，為何我認為，年底高雄市長選戰，韓國瑜會贏。

第一，全省主持了八場國民黨行動中常會，高雄場是唯一一場，當市長候選人講話時，全部提名議員爭先恐後地上台簇擁為在身邊陪著他。這不正常、其實很反常！因為議員在台下聽市長候選人發表政見是天經地義，議員是要監督市長，應該平起平坐，怎麼會站在身邊聽課？但當高雄的議員都靠在韓國瑜身邊時，代表韓國瑜是有人氣的大母雞，有些化學變化正悄悄的在這塊土地上產生變化。

第二，當主持完常會要來開會場時，在路邊等待計程車到來的時刻，一位年約五十的男子騎摩托車停我旁邊劈頭就問「發言人你來幫忙市長選舉歐？」因為不明其來歷、再者是在南部縣市，怕節外生枝，僅簡單微笑點頭，沒想到下一句他給我一個大拇指，並且熱情的說「韓國瑜讚，我們一定挺。」一瞬間我開始相信這個地方不會是鐵板一塊、沙漠一片，只要是人才，就會有機會發光。

也許這只是個人觀察，但越來越多的聲音出現，就代表這會是場令人期待的結果，而如同電影武狀元蘇乞兒所說「天下丐幫人數多寡，不是幫主控制，而是皇上決定。皇上英明神武，誰想當乞丐？」就是因為人民悶久了，所以這股旋風才會如此大。

年底之前，還有多少旋風會捲起？我們拭目以待。

一個中選會主委下台
也挽不回的民主污點

九合一選舉雖然落幕，即便幾家歡樂幾家愁，但投票過程荒腔走板、開票過程問題不斷，尤其是首善之都的台北市仍處於驗票及選舉無效爭議中，這樣的選務工作，最終僅一位早已被公認不適任的主委下台想了事解決？難免兒戲！本次選舉，即便下台一百次，也挽不回結局幾乎確定的民主污點。

這次選務的荒謬，相信所有投票民眾都十分有感，在烈日下大排長龍，臉書上一片哀嚎，有人自稱半小時排隊已經被大讚幸運，這活脫像第三世界國家的選舉現況，卻真實在2018年的台灣上演，自許進步、科技，曾大聲高喊「改革」的執政黨，如果這樣越辦越倒退的選務也是改革的一環，恐怕愧對一路來爭取民主過程的前輩們。

直到目前為止，僅看到一位中選會主委下台，而他的下台我不清楚有沒有猶抱琵琶半遮面，卻肯定是千呼萬喚始出來。事發拖了一天多，「神隱、噤聲、找不到人」，沒有在該負責的第一時間面對第一線選務工作，放任最後就是讓狀況根本失控。已經失控的選務，有沒有人下台難道就能保證這樣結果是公平公正嗎？

即便中選會主委已經下台，但社會大眾還是想問，這次選務結果就這樣船過水無痕？其中首都之戰目前進入驗票階段，但為何陷入這樣窘境，中選會至少應該要回答人民三個問題。

第一，投票前到底有沒有做過壓力測試？無論是金管單位、銀行組織、公家機關等，甚至是新開商家、飯店，都一定會有所謂「試賣」。目的就是用來做所謂壓力測試，這是確立系統穩定性的最好方法，也能挑出預期的毛病加以改進。就本次選務為例，如果事先先找兩個里來試投票，或是預發三百民眾來測驗流程，只要從頭到尾走一遍，怎麼可能會不知道票匭不夠、投票大排長龍？

沒有做實務的壓力測試，就沒有任何理由藉口推卸責任。

再者，當日上午已經有媒體發現投票塞車，就連蔡英文總統、柯文哲等人前往投票時也在外罰站幾十分鐘，當媒體連線畫面蔡英文不得不與前後排隊民眾寒暄、等候時，難道沒有任何一點警覺性要改變？無法預見災難發生所以不

作為是「笨」，但已經預見卻沒有任何的應變則是「壞」，中選會主其事者既笨又壞，無話可說。

最後，到現在，中選會仍無法告訴全國民眾，在當天四點開始有票所開票後，一直到其他排隊人潮接連投完票的當下，這中間的過程到底有多少張選票被投下？為什麼中選會無法回答？其實道理很簡單，就是因為中選會根本沒有應變，所以沒有統計，也就不知道有多少選票影響了最終結果。

簡單的數學計算，本次台北市長選舉總共投出141萬多票，從早上八點一直投到晚上七點半，扣除最後半小時不看，總共11小時，相除後平均每個小時投下12萬8千的選票，所以自四點後開始部份票所開票，一直到七點，中間的三個小時，總共有超過30萬的選票被投下，只要其中有十分之一的人因為排隊當下看到即時新聞而改變投票意向，那麼這三萬票這就是公開的棄保操作。

今天丁守中與柯文哲不過相差三千多票，所以這樣相比較下來，就可以得知，一場不圓滿、不順利、不嚴謹、不準備的選舉，造成的結果就是無法心服口服。韓國瑜選前曾說過「寧願乾淨的輸掉、也不要不光榮的勝利。」相信今日這樣的結果發生在柯文哲身上、丁守中身上都一樣，沒有人想要首都選戰最終以這樣畫下句點，最應該檢討者，絕對是辦理選務的中選會。

所以，一個中選會主委下台，難道就了結嗎？台灣社會還能承受幾次和稀泥的選舉過程。這是政府不得不正視的問題。

四年多還沒畢業的太陽花，上了堂不及格的公民課

四年過去，2014年紅極一時的太陽花學運，卻在本週三找上了時任行政院長的江宜樺，一群人衝進教室，不顧台上是政治系學會邀約的講者、不管台下數百名學生正當聽眾在聽講，擅自打斷發言、大聲咆哮、近距離肢體擠迫，甚至連江宜樺手拿粉筆寫在黑板上的字也粗暴地塗抹掉，搶走粉筆。這群人，聽說以太陽花學運份子自稱。

如果太陽花就是這樣水準，可以預言，將來提到太陽花，台灣社會將對其不會再有任何的好感。這是一群暴民，而他們所做出的行為，在民主法治上，完全的不及

格。

網路上很多討論，其中拿一張文化大革命時期照片，學生們神情激動、手舞足蹈，包圍著並公審教室中的老師，而老師一臉無奈、或說是哀莫大於心死的低頭，就這樣看著張牙舞爪的群眾。這樣場景，根本阿鼻地獄，阿彌陀佛。

而江宜樺在台灣大學演講中所受到的待遇，看在全台灣人眼裡，恐怕感受更深、刺激更大。其一，這不是一般的普通大學，而是我國最高學府台灣大學，所有成績最好、最會念書，要當國家未來棟樑人才，都在此處。然而，對待一位教授、一位長者，卻是這樣態度。書，唸到哪去了？

再者，過往台灣社會最引以自豪，或說與對岸最大不同處，就是我們享有民主法治，而且我們並未經歷文化大革命，讓中華文化保留甚深，留有底氣，要研究中華文化、儒家思想的學者都必須來台灣找尋。然而當學生包圍江宜樺那一幕，讓人懷疑民主法治還存在？文化大革命難道現在才正開始？

什麼樣的民主可以演變成「只要我喜歡，有什麼不可以」；又是什麼樣的法治，是能糾眾包圍一個自然人，並且限制其行動自由，還趾高氣揚地叫囂，這樣難道是公民不服從。

兩百多年前英國作家給言論自由下的註解，「我不同意你的觀點，但我誓死捍衛你說話的權利。」這是民主社會最基本、也是最該保護的價值；然而，卻有一

群人以行動中止、打斷、干擾、阻饒別人的公開說話，連聽江宜樺講完話的勇氣都沒有，自稱是太陽花的成員們，是害怕辯論，還是不敢面對。

我身為台大政治研究所校友，也聽過數次係上所辦講座；通常政治系演講，總是免不了有不同立場主張的聽眾，而講者心中也很清楚，被踢館也只是常態；但一般來說，講者、聽眾都能相互尊重，講者不會強硬灌輸思想（要灌輸也沒用），聽眾也不會刻意阻饒。總能等待到問答Q&A時間，再舉手發問。而如果能把講者問倒、考倒，這才算是聽眾本事。最沒品沒料就是直接打斷發言，連發聲權利也給剝奪，這算哪門子公平正義？

最後，本次抗議學生訴求太陽花學運期間江宜樺下令警察打人，然而還原事發經過，江宜樺要求的是公署不得被違法佔領，並非指揮警方使用暴力。當天現場誰先動手也仍呈現「各說各話」，當新聞畫面裡有暴力份子假扮學生手持釣魚線勒緊警察脖子，當有學生率眾搶奪警方盾棒等事件發生，難道還要一股腦認為這是單方面的鎮壓？

況且蔡英文政府執政兩年六個月，國家機器、調查系統全掌握手中，如果太陽花學運期間政府真有任何不合法命令，怎不見任何綠營官員起底、拿資料來大肆修理，或是把當初運用非法暴力毆打學生的警察調查出來以平眾怒？唯一能做的合理解釋是，在當時的時空背景下，警方適度作出維安動作確有其必要性，一再跳針似的說警察打人，這只能算沒有證據的片面指控。

所以，民主法治的可貴得來不易，任何人都不該咨意消費這難得的前人鋪路。四年多過去，還緊盯著江宜樺不放，說是抗議威權，但他現在一介平民，與你我沒有不同，到底還能有多少權力？太陽花這樣亂搞遲早將變成明日黃花，而這堂不及格的公民課，只希望藍綠卸任的政治人物，永遠都不要遇到及發生。

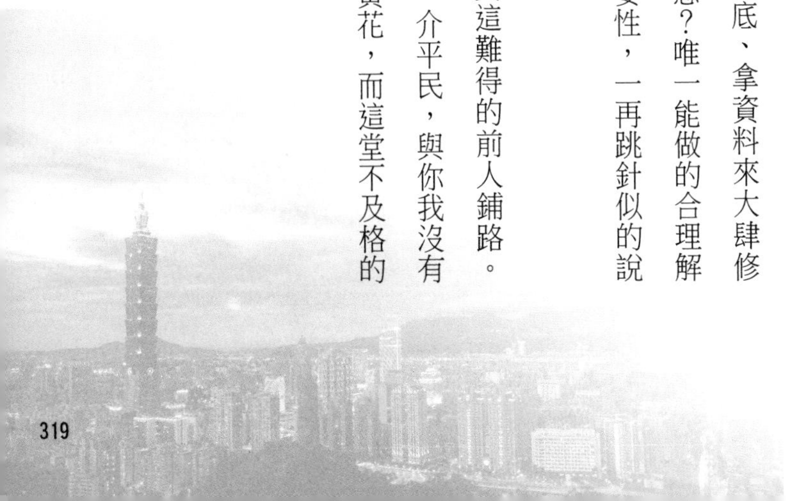

假冒粉絲要不要也關三天？請退散！

過去兩週，因為郭台銘的宣佈投入初選，一時間內國民黨從原本的幾顆太陽，變成兩大王牌，這樣的轉變，除了慎防可能的黨內相互擦槍走火外，更要注意有趁火打劫、偷雞摸狗的宵小，利用魚目混珠的方式，假冒粉絲開啟戰火，一場諜對諜的2020總統前哨戰已經開打，不可不防。

首先，郭台銘的投入初選絕對是超級震撼彈，畢竟「富可敵國」來形容郭台銘絕對不誇張，富士康一年產值媲美我國中央政府年度總預算，全球員工數、資本加起來，恐怕比我國多數現有友邦有過之而無不及，換句話說，郭台銘早已世界級的領導者；參選總統，絕對並非他人生劇本中一章。

韓國瑜則是另一位台灣政治史上奇蹟，自從民選首長、總統以來，從沒有哪一位剛當選市長不到三個月的階段，人氣持續高漲，扶搖直上，或拱、或推、或拜託，就是希望他更上層樓、直攻總統。多數的支持者看好韓國瑜參選總統，更有「非韓不投」的偏執，雖然已在勸說之下改口成正面的「有韓必投」，但韓國瑜的眾望所歸及狂熱，有目共睹。

所以說，韓郭兩人就是國民黨兩張王牌、雙箭頭、兩大先發、勝利方程式，隨你怎麼叫。然而，卻在郭台銘宣布初選後網路上開始有支持者零星互攻，明明同黨該是英雄惜英雄，怎麼卻有相互指責的聲音?難不成，有人假冒粉絲，挑起戰端？

先說部電影，在漫威電影中「美國隊長3」中的最大賣點就是「英雄內戰」。分別陣營中最強兩大要角鋼鐵人和美國隊長互相殘殺，就是因為中間受到反派的操弄，而請注意，這位反派並非有什麼特殊超能力？或是異形變種外星人？而是位像你我一樣的平凡人，避免爆雷就不多描述，只是說明為何能力超強的兩位復仇者，竟然會最後劍拔弩張、拳腳相向？除了原本已有的誤會外，不斷地被煽風點火，才是一發不可收拾的關鍵。

有沒有很像現在的局面，兩大強者各有護衛隊、支持軍，原本砲口對外的兩人，卻被鼓吹後轉向互打，「親痛仇快」便宜了誰？

所以，任何藍營支持者，請靜下心來思考一個問題，「誰，最不希望藍營團結？」是任何一顆太陽嗎？藍營垮了，太陽有何用；是郭董或韓總嗎？沒有政黨其他力量，誰有辦法獨力贏得大選。答案其實很明顯了，不是嗎？就是對手陣營，最不希望藍營團結。

而過去一年，蔡英文政府面對不如意消息，最愛言必稱「假新聞」，「水果滯銷」假的！「政府禁塑」假的！彷彿什麼消息只要跳出來伸出手指指向對方說「假的」，

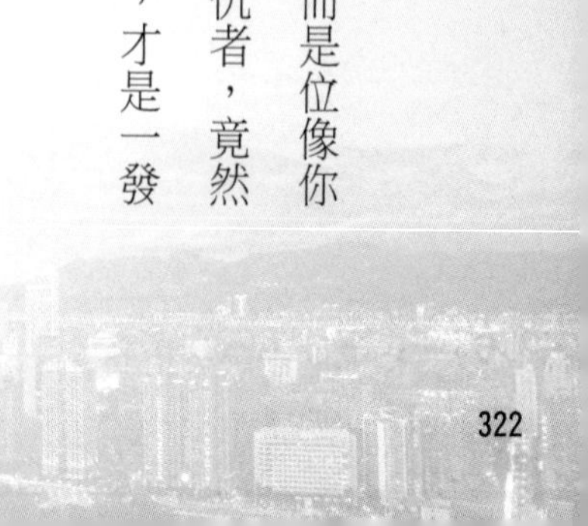

問題就能憑空消失，台灣錢就能重淹腳目。但除了把頭埋入沙堆中，我們還要當鴕鳥多久？

另一方面，如果照之前的說法，假新聞出來最高可罰關三天，那麼造謠生事、搬弄是非的假粉絲，是否也該比照辦理，狠關三天呢？當然這是緣木求魚，因為說不定，所謂假粉絲，就是現在絕對權力使人絕對腐化的執政黨網軍的攻擊，誰又會自首操弄生事呢？

因此，相互監督及自律，就顯得格外重要。如同過去任何上街抗議，主辦單位除了把人帶出來，還要負責把人帶回去，並且嚴防有人假冒趁機作亂，破壞整體形象，也避免讓抗議訴求失焦。有經驗的遊行團體也會自設糾舉隊，嚴格要求參與者依規定動作，不可有過多過激且失焦的場面發生，這是自我保護、也是防範未然。

同理，今日在藍營已經跨出一大步來創設特別辦法為所有主動、被動有意參選者解套後，更應該人人在網上皆自律他律；自律，是自我要求不主動挑釁、攻擊、謾罵、或惡意批評對方，尤其是黨內同志，萬萬不可。他律，則應該更主動積極，看到任何上述情況發生，都須義正嚴詞說明、檢舉、告發、喝止別人散播言論，唯有自律他律，才能讓星星之火在遼遠前，先行踩踏撲滅。

台灣最可貴的是民主法治，這也是我們立足華人世界中的典範及驕傲。絕對不可因一次的選舉而失敗，任何政黨都能夠輸、也都應該輸，做不好就下台，天經地義；但唯有台灣民主不能輸。所以要堅決地向可能影響民主的一切不入流行為說不，包括假冒粉絲居中鼓弄、火上加油者，更該受全民唾棄。所以我說 2020 除了要選出理想的總統人選，更是向操弄假粉絲的真網軍們宣戰的關鍵時刻！

假粉絲，請退散！

2020年，每個政黨都該「直球對決」！

棒壇傳奇鈴木一郎風光在東京巨蛋打出生涯最後一球，未來準名人堂主從此封棒。無論是人生第一場或最後一場比賽，鈴木一郎都與投手正面交鋒，記得曾有媒體訪問時他說「寧願揮棒落空也不會呆看著球進好球帶」，世界的安打王永遠保持鬥志，與投手對決。

台灣政壇從上週補選落幕後，由賴清德先抛出參與民進黨內初選的震撼彈，吹皺政壇不只一潭春水。本週蔡總統、兩位北高市長也分別出訪國外，目的地不同、但目標卻頗雷同，相信都希望能藉此累積更多政治資本。有媒體戲稱，這三位出訪分別是「灑鈔票、賺鈔票、拚門票」的三票之旅，加上已表態的朱立倫、王金平等國民黨資歷豐碩前輩，2020不只精彩、更加混戰。

而儘管藍綠都不只一次說要派出最強、最符合民眾期待的候選人，但產生過程難免競爭；有競爭不一定有

每一次
主持，
只有
一百二十分
的專注，
才能成就
剛好及格的完美。

進步，但可以確定，有競爭才有機會分彼此、分高下、分清楚，不用再模糊、不需再曖昧，「直球對決」將是2020最重要一步。

每個政黨，在2020年，都該「直球對決」。

民進黨獨不獨要「直球對決」。

賴清德自許台獨務實工作者，長期深獲綠營獨派支持，擔任行政院長時在國會殿堂也不諱言講台獨，然而催眠台灣2300萬人的台獨真有其市場？2016年蔡英文那句「維持現狀」安定了不少質疑兩岸關係生變的聲音，卻在上任後兩岸從冷凍、停滯、變成火車對撞，如今是再次讓民眾決定，到底接下來民進黨的路線是要真獨？還是假獨？還是選舉到時不說獨、國會過半不敢獨？直球對決、讓民眾看清真偽。

國民黨參選者要「直球對決」。

相較執政的民進黨兩人橋牌似對決，國民黨之前被戲稱打麻將，而人氣居高不下的韓國瑜也被期待。對於廣大支持者來說，2020只有一個前提，就是推出最有機會勝選者打選戰。2016年換柱事件是藍營最黑暗的谷底，因此絕對不能再有任何「換」的形象發生，不然對任何人都是重傷，只有一階段初選是確定且最基本底線。

而要達成這樣其實不難，就是「直球對決」，透過公平公開的方式，把每一位人選放一起來做初選，透過民主機制，勝者代表參選、敗者全力輔選，就這麼簡單。

韓國瑜是現在當紅炸子雞，但是在三成黨員投票、七成全民調中是否也能

脫穎而出，不得而知？但絕對應該把其列入初選名單。另一方面，有人說也許造成目前表態者不滿；然而放入初選，其實某種程度上也為任何有意爭取大位者解套；因為全民關心的絕對不是誰代表藍營參選總統，而是誰能贏得 2020 總統大位。在這前提之下，不是拿到門票就好，而是任何人都能透過共同的初選來確定自己是藍營最強，也能洗刷背負派二軍出來的冷言閒語。

甚至有意角逐大位的泛藍營人士，包括前行政院長張善政等，其實也都該考慮加入共同初選來讓民眾抉擇，避免無謂的分票及浪費。還是強調，「直球對決」的好處在於，能夠抉擇出最強的人選，而每一位都是人才的情況下，手心手背都是肉，公平公開的初選最能讓眾人心服口服。

柯文哲也該「直球對決」。

從深綠、白色、到兩岸一家親，說實在話已搞不清楚到底什麼是柯文哲的政治立場和核心價值，而最近前往美國所說一席「允許 12.5 萬人上街遊行」的言論，更荒謬地凸顯自己心中威權極權的想法。2020也就要到，柯市長是否別再隱藏心中的總統夢；另一方面，如果真如目前媒體所做民調，無論何種組合，柯文哲一直都保有25～35％的選票支持度，換算國會不分區席次可至少有10～14席的空間，這樣誘因下，柯文哲有可能忍住不參選嗎？乾脆點，來場「直球對決」吧。

棒球場上最精彩是投打的「直球對決」，無論是投手威風八面、還是打者技高一籌，最大贏家永遠是球迷，而無論輸贏，也都將贏得掌聲喝采；政治過去被人厭惡，就在於算計太深、顧慮太多，既然2020年對台灣兩千三百萬人來說是一個抉擇的時刻，也是中華民國經過三次政黨平和輪替後檢視的時刻，有志大位者，展現雖千萬人吾往矣的氣魄，拿出能夠領導台灣勇往向前走的信心，「直球對決」吧。

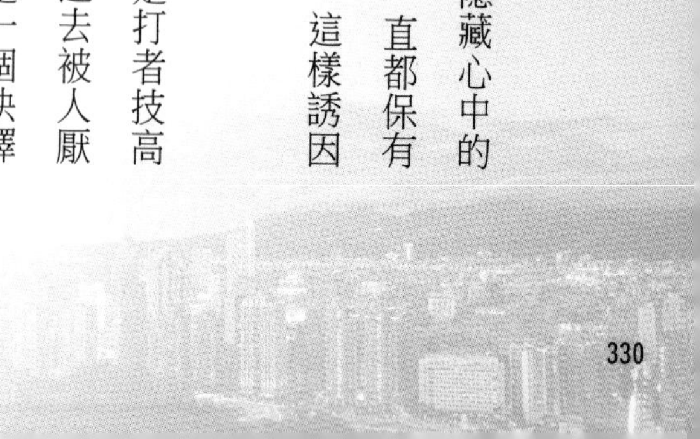

五月 MAY 16-18
18:30-22:00
黨內初選 電話民調
懇請唯一支持
淡水 林口 泰山
八里 三芝 石門
立委參選人
洪孟楷

國家圖書館出版品預行編目資料

看見 新希望：七年級戰將 洪孟楷的時事評論／洪孟楷著.
——第一版——臺北市：宇河文化 出版；
紅螞蟻圖書發行，2019.8
面 ； 公分——(Discover；51)
ISBN 978-986-456-316-6（平裝）

1.臺灣政治 2.言論集

573.07 108010943

Discover 51

看見 新希望：七年級戰將 洪孟楷的時事評論

作　　者／洪孟楷
發 行 人／賴秀珍
執行編輯／何南輝
美術構成／沙海潛行
封面設計／引子設計
出　　版／宇河文化出版有限公司
發　　行／紅螞蟻圖書有限公司
地　　址／台北市內湖區舊宗路二段121巷19號(紅螞蟻資訊大樓)
網　　站／www.e-redant.com
郵撥帳號／1604621-1　紅螞蟻圖書有限公司
電　　話／(02)2795-3656（代表號）
傳　　真／(02)2795-4100
登 記 證／局版北市業字第1446號
法律顧問／許晏賓律師
印 刷 廠／卡樂彩色製版印刷有限公司
出版日期／2019年 8 月　第一版第一刷

定價 300 元　港幣 100 元

ISBN 978-986-456-316-6　**Printed in Taiwan**